Kultur unternehmen

Christian Holst

Kultur unternehmen

Wie junge Musiker das Kulturmanagement neu erfinden

Bibliografische Information der Deutschen Nationalbibliothek:
Die Deutsche Nationalbibliothek verzeichnet diese Publikation in der Deutschen Nationalbibliografie; detaillierte bibliografische Daten sind im Internet über http://dnb.dnb.de abrufbar.

© 2014 Christian Holst
Alle Rechte vorbehalten.

Herstellung und Verlag: BoD – Books on Demand, Norderstedt

ISBN: 978-3-735724939

Inhaltsverzeichnis

Vorwort
von Dirk Schütz, KM Kulturmanagement Network 7

Einleitung
Kultur unternehmen 9

Führung und Zusammenarbeit
«Mit offenen Flügeln spielen» 18

Interview mit Meret Lüthi, Les passions de l'Ame
«Ich möchte die ganze Regenbogenpalette» 23

Innovation
Sreng nach dem Lustprinzip 32

Interview mit Steven Walter, PODIUM Festival
«Wir haben kein Produktproblem» 36

Marketing
Anschlussfähigkeit schaffen 44

Interview mit Tobias Rempe, Ensemble Resonanz
«Die sind korrekt!» 48

Public Relations
Keine Berührungsängste 57

Interview mit Daria van den Bercken, Pianistin
Liebe auf den ersten Ton 61

Musikvermittlung
Die beste Vermittlung ist die, die keine ist 65

Interview mit Etienne Abelin, Superar Schweiz
«Passion first» 69

Interview mit Louis Dupras, Camerata Bern
«Wer nicht motiviert ist, hat keinen Platz bei uns» 74

Literatur 84

Über den Autor 86

Vorwort

Die klassischen Kulturinstitutionen haben es nicht leicht: Überalterung des Publikums, schwindende gesellschaftliche Relevanz, chronische Unterfinanzierung, festgefahrene Strukturen... die Herausforderungen sind zahlreich. Eine Wortneuschöpfung im Frühjahr 2012 versuchte dieser Situation einen Namen zu geben: Kulturinfarkt. Die Empörung über das Buch war groß, aber dennoch symptomatisch dafür, dass da doch vielleicht etwas dran ist. Wer nun unkonventionelle Lösungen für die anstehenden Probleme sucht, kann bei Kulturunternehmern der freien Szene fündig werden. Es ist ein Pool an Impulsen und ein Schatz kreativer Anstöße, die für den Kulturbetrieb viel ermöglichen können.

Das vorliegende Buch versammelt eine Serie von Beiträgen und Interviews, die von Herbst 2012 bis Frühjahr 2013 im *KM Magazin* sowie auf *kulturblog.net* erschienen sind. Was diese Artikel zeigen ist, was erfolgreiche Kulturentrepreneure anders machen, wo und wie sie sich vorwagen, neue Wege suchen und diese beschreiten. Die kurzen Fallstudien beleuchten die Erfolgsrezepte in Bereichen wie PR, Führung oder Innovation. Der Autor Christian Holst hat diese für das KM Magazin aufbereitet und veröffentlichte parallel dazu vertiefte Interviews mit den Akteuren auf seinem kulturblog.net.

So unterschiedlich die portraitierten Künstler und Ensembles arbeiten, so eint sie doch die unternehmerische Leidenschaft. Wo sich diese Leidenschaft entfalten kann, sind nicht nur zeitgemäße Strukturen und Ansätze im Management zu finden, sondern auch herausragende künstlerische Leistungen möglich. Während viele etablierte Kultureinrichtungen eine Trennung zwischen Kunst und Management praktizieren und beide Begriffe nicht selten als einander widersprechend verstehen, zeigen die Beispiele, dass organisatorisches und künstlerisches Unternehmertum in unmittelbarer, sich gegenseitig stimulierender Wechselwirkung zueinander stehen.

Die Fallbeispiele rufen nach mehr Unternehmertum in der klassischen Kultur. Sie bekräftigen diesen Ruf aber nicht (nur) im

Sinne effizienterer Strukturen und der Optimierung ökonomischer Kennzahlen, sondern vor allem auch im Sinne der Kunst selbst. Diese Anregungen muss der Kulturbetrieb pro-aktiv nutzen, sie umwandeln und damit die Herausforderungen kreativ angehen. Es wird Zeit.

Die Einleitung zur Serie hat Christian Holst für dieses Buch grundlegend überarbeitet und erweitert. Außerdem enthält es ein bislang unveröffentlichtes Interview mit Louis Dupras, dem Geschäftsführer der Camerata Bern.

Weimar, im November 2014

Dirk Schütz
Geschäftsführer der KM Kulturmanagement Network GmbH

Einleitung
Kultur unternehmen

Eine Radiosendung, die ich gern höre, ist *Diskothek*[1], die vom Schweizer Sender *SRF2 Kultur* ausgestrahlt wird. Das Konzept besteht darin, dass zwei Musikexperten – Musiker, Musikwissenschaftler, Musikjournalisten – aus fünf oder sechs Einspielungen eines Werkes die beste Interpretation ermitteln. Sie hören und beurteilen die Aufnahmen ohne zu wissen, wer die Interpreten sind. Es gibt drei Runden: nach der ersten scheiden zwei Aufnahmen aus, nach der zweiten eine oder zwei weitere und nach der dritten wird eine Aufnahme der beiden verbliebenen zum Gewinner erkoren. Die zweistündige Sendung erlaubt es dem Zuhörer, unter fachkundiger Anleitung sehr genau in ein bestimmtes Werk hinein zu hören und nachzuvollziehen, was die Kunst der Interpretation von klassischer Musik ausmacht.

Auffällig oft schaffen es dabei Orchester und Dirigenten in die letzte Runde oder sogar aufs Siegertreppchen, die sich außerhalb der Routinen des traditionellen Klassikbetriebs bewegen: In einer Sendung zu Brahms' *Sinfonie Nr. 1* etwa gewann das Orchestre Révolutionnaire et Romantique unter John Elliot Gardiner, während die Berliner Philharmoniker unter Simon Rattle überraschend früh aussortiert wurden. In der Sendung zu Schumanns *Sinfonie Nr. 2* machte das Chamber Orchestra of Europe unter Nikolaus Harnoncourt das Rennen, in der zu Berlioz' *Nuits d'été* die Aufnahme von Philippe Herreweghe mit dem Orchestre des Champs-Elysées; in der Sendung zu Mahlers *Wunderhorn-Liedern* teilten sich Herreweghe und sein Orchester den ersten Platz mit den Berliner Philharmonikern unter Claudio Abbado.

Beim Blick auf diese Ergebnisse entsteht der Eindruck, dass neue künstlerische Impulse und frische Auseinandersetzungen mit dem klassischen Repertoire weniger von den großen Traditionsorchestern ausgehen, als vielmehr von Ensembles, die jenseits der bequemen Bedingungen des «Tarifvertrags für Musiker in

---

[1] http://www.srf.ch/sendungen/diskothek - Die Sendungen stehen leider nur in der Schweiz zum Download zur Verfügung.

Kulturorchestern» arbeiten. Und die Ergebnisse der *Diskothek* sind längst nicht das einzige Indiz, das diese These stützt. Sie bestätigt sich auch, wenn man sich beispielsweise die Aufsehen erregenden Beethoven-Zyklen der letzten 30 Jahre anschaut: John Elliot Gardiners Einspielung mit dem Orchestre Révolutionnaire et Romantique und Roger Norringtons Einspielung mit den London Classical Players gelten heute heute als legendär und wegweisend; weitere herausragende Einspielungen stammen von Nikolaus Harnoncourt mit dem Chamber Orchestra of Europe und Paavo Järvi mit der Kammerphilharmonie Bremen, ebenfalls Orchester mit besonderer Geschichte und Arbeitskultur. Traditionelle Orchester konnten ähnliche Erfolge erzielen, wenn sie die interpretatorischen Erkenntnisse und den Zugang der historisch informierten Aufführungspraxis in ihre Arbeit einfließen ließen, so etwa beim viel beachteten und auch kommerziell erfolgreichen Beethoven-Zyklus von David Zinman und dem Tonhalle-Orchester Zürich, Claudio Abbados zweiter Gesamteinspielung der Sinfonien mit den Berliner Philharmonikern oder bei Riccardo Chaillys Aufnahmen mit dem Gewandhausorchester Leipzig. Dennoch sind diese Zyklen ohne die Pionierarbeit von Gardiner, Harnoncourt oder Norrington nicht vorstellbar und zeigen, inwieweit die freien Ensembles mittlerweile die Qualitätsstandards im Konzertbetrieb setzen (s. zu diesem Absatz auch Hagmann 2014).

Auch diese Beobachtung liefert nur ein Indiz von vielen. Claudio Abbados Arbeit mit dem Mahler Chamber Orchestra, dem Orchestra Mozart Bologna und insbesondere dem Lucerne Festival Orchestra – allesamt Ensembles bestehend aus Freunden und Weggefährten Abbados – trug künstlerische Früchte, die die Erfolge seiner Karriere im klassischen Orchesterbetrieb noch einmal überstiegen und krönten. Und wer geglaubt haben sollte, zu Mozarts hundertfach eingespielten da Ponte-Opern sei bereits alles gesagt, wurde durch die 2014 veröffentlichten Einspielungen von *Le Nozze di Figaro* und *Così fan tutte* durch Teodor Currentzis und sein Ensemble Musica Aeterna eines Besseren belehrt.

Die Liste solcher Beispiele ließe sich fortsetzen. Sie bestätigen die Hypothese, dass die künstlerische Arbeit dort besonders inspirierend und «unerhört» gerät, wo Musiker – von einer gemeinsamen Vorstellung des Musizierens und der Zusammenarbeit inspiriert – die künstlerischen und administrativen Rahmenbedingungen schaffen, die dieser Vorstellung optimale Entfaltung erlauben. Man könnte auch sagen: wo die Arbeit von Unternehmergeist getragen wird.

Die Forderung, unternehmerisch zu denken und zu handeln, ist im Kulturmanagement in den letzten Jahren immer lauter geworden. Sie basiert meist auf der unsicherer werdenden finanziellen Situation vieler öffentlich finanzierter Kultureinrichtungen bei gleichzeitig steigendem Konkurrenzdruck im Freizeitmarkt und wachsender Anspruchshaltung der Besucher. Das bedingt, dass die Arbeitsprozesse, die Finanzierung und das Marketing nicht nur professionell gemanagt, sondern auch mit unternehmerischer Kompetenz angegangen werden müssen. Im Unterschied zum Management (oder «Business Administration»), dessen Fokus auf der Organisation und Verwaltung der geschäftlichen Prozesse und Belange liegt, beinhaltet das Verständnis des Unternehmertums auch den Innovations- und Gestaltungswillen des Unternehmers, der das Produkt oder die Leistung auch inhaltlich betrifft. Typischerweise ist damit eine höhere persönliche und finanzielle Verantwortung und Risikobereitschaft verbunden, die sich im Erfolgsfalle aber auch entsprechend auszahlt.

Elmar Konrad, der sich als einer der ersten intensiv mit dem Thema des Kulturunternehmertums beschäftigt hat, geht davon aus, dass das Unternehmertum «in Zukunft die herausragende und führende Rolle bezüglich einer erfolgreichen und lebendigen Kulturarbeit spielen» werde (Konrad 2006, S. 18). Konrad führt die zunehmende Bedeutung des Unternehmertums im Kulturmanagement darauf zurück, dass finanzielle Mittel knapper werden, also die ökonomischen Rahmenbedingungen unternehmerische Qualifikation erfordern, um eine Kultureinrichtung wirtschaftlich über Wasser zu halten. In seiner Sicht sind es vor allem die schwierigen wirtschaftlichen Rahmenbedingungen, die mehr Unternehmertum notwendig und mittelfristig zu einem Überlebensfaktor machen.

Birgit Mandel untersuchte 2007 das Phänomen des Kulturunternehmers nicht nur in Hinblick auf die wachsenden unternehmerischen Herausforderungen im Kultursektor, sondern beschrieb die Bedingungen und Charakteristika kulturunternehmerischer Arbeit als prototypisch für die gesamte Arbeitswelt von morgen (vgl. Mandel 2007, S. 20ff.). Der Fokus ihrer Untersuchung lag vor allem auf kulturnahen Dienstleistungen wie Beratung, PR-Arbeit, Projektmanagement, weniger auf der Arbeit von Künstlern selbst.

Sowohl Konrad als auch Mandel verstehen den Begriff des Kulturunternehmers weitgehend analog zum klassischen Unternehmer anderer Wirtschaftssparten, ergänzt um ein ausgeprägtes Verständnis für Bedingungen und Besonderheiten künstlerischer Arbeit und in der Regel reduziert um die Hoffnung, in finanzieller Hinsicht zu reüssieren. In diesem Sinne ist der Begriff des Kulturunternehmers mit einer Persönlichkeit verbunden, die mit Ideenreichtum, Durchsetzungsvermögen und einem «guten Riecher» für die richtige Gelegenheit ein Projekt auch unter widrigen Umständen zum Erfolg führen kann.

Die gängige Vorstellung des Kulturmanagements, dass zwischen organisatorischen, so genannten «managerialen» Aktivitäten und künstlerischer Arbeit zu unterscheiden sei – ersteres gar die Kunst sei, letzteres zu ermöglichen – wird in diesem Verständnis von Kulturunternehmertum aufrecht erhalten. Das Unternehmertum bezieht sich demgemäß auf die organisatorisch-administrative Seite der Kulturproduktion, die kreative Seite funktioniert scheinbar unabhängig davon nach eigener Logik, die von ökonomisch-administrativen Erwägungen möglichst frei zu halten ist. Die Managementaktivitäten (auch die von Unternehmergeist getragenen) sollen somit Kunst ermöglichen, ohne sie aber selbst zu schaffen, wie Heinrichs in seiner Einführung in das Kulturmanagement klarstellt (vgl. Heinrichs 2012, S. 20). Zwar erkennt Heinrichs die «besonders enge Verbindung von Steuerungshandlung und Handlungsgegenstand» (ebd., S. 16) im Falle der Kulturarbeit an, besteht aber explizit auf der scharfen Abgrenzung von künstlerischer und organisatorischer Arbeit. Im Sinne exakter Terminologie und theoretischer Klarheit mag dies eine durchaus berechtigte Unterscheidung sein. In der Praxis bilden beide Bereiche jedoch keine Emulsion, sondern eine Lösung. Das Management ist im Idealfall nicht nur Hilfsfunktion, das der Kunst dient, sondern löst sich in den Gesamtaktivitäten auf, die zum Zustandekommen von Kunst beitragen. Bei jungen Kulturunternehmern ergibt sich dieses Zusammengehen von künstlerischer und organisatorischer Arbeit oftmals allein aus den begrenzten Ressourcen. Sie bedingen, dass künstlerische und organisatorische Leitung zumindest in der Gründungsphase in Personalunion ausgeübt werden muss. Für etliche Komponisten, deren Kunst heute mittels öffentlichem Geld gepflegt wird, war diese Personalunion von Künstler und Unternehmer ohnehin der Normalzustand: Händel, Mozart, Beethoven, Verdi und ganz besonders Wagner, um nur einige Beispiele zu nennen. Auch die Funktion des heutigen Intendanten weist in ihrer Vorform, der des Impressarios, alle Merkmale des prototypischen Unternehmers auf, bei dem künstlerische, finanzielle und administrative Entscheidungen stets Hand in Hand gingen.

Von dieser selbstverständlichen Einheit von Künstler- und Unternehmertum hat sich die Kulturmanagementlehre distanziert. Hier herrscht immer noch die Vorstellung vor, dass Wirtschaft und Kunst wenig miteinander zu tun haben, einander eigentlich sogar widersprechen. Während wirtschaftliche Entscheidungen vermeintlich rational, zweckbezogen und effizient angestellt werden, spricht die Kunst das Irrationale, Emotionale an, das keinem bestimmten Zweck untergeordnet werden kann und größtmögliche Freiheit von wirtschaftlichen oder auch nur besucherorientierten Erwägungen haben sollte. Als könnte Kunst je losgelöst von sozialen, gesellschaftlichen oder ökonomischen Kategorien Sinn haben. Kulturmanagement, selbst wenn man es unternehmerisch versteht, ist in diesem Verständnis immer nur die administrative Hilfsfunktion, die Techniken zur Organisation und Finanzierung der Kunstproduktion bereitstellt und zu verantworten hat, wenn die zeitlos gültige Kunst die Menschen nicht erreicht.

Das führt dazu, dass die gegenwärtigen Probleme der klassischen Kultur vor allem als Krise des administrativen Bereichs der Kulturarbeit sowie der Kulturvermittlung verstanden werden, nicht aber als Krise des künstlerischen Angebots selbst. Folgerichtig scheint diese Krise auch mit Managementtechniken lösbar: durch verbesserte Besucher- und Serviceorientierung, professionelle Markenführung, striktes Budgetmanagement, Optimierung der Arbeitsprozesse, Modernisierung der Präsentationsformen, professionelles Marketing und Vermittlung, erweitert eben um unternehmerisches Denken und Handeln.

Dass dies höchstwahrscheinlich ein Trugschluss ist, legt die anhaltende Krise der öffentlich finanzierten Kultureinrichtungen nahe, an der auch ihr mittlerweile weitgehend professionalisiertes Management nichts ändern konnte. Und auch Günter Faltins Verständnis des Unternehmers als Künstler legt nahe, dass die wirtschaftlichen und ästhetischen Belange von Kulturarbeit enger ineinandergreifen, als gemeinhin angenommen wird. Faltin vergleicht den Unternehmer mit dem Komponisten, dessen Erfolg darauf basiert, innovative Ideen kreativ auszuarbeiten, Bestehendes in origineller Weise neu zu kombinieren und weiter zu entwickeln. Die virtuose Anwendung von Managementtechniken und der Einsatz von Technologie und Kapital treten in der Ideenwirtschaft in den Hintergrund. So sind es nicht mehr in erster Linie die Arbeitstechniken des klassischen (Industrie-)Managers, die im Unternehmertum gefragt sind, sondern die des Künstlers (vgl. Faltin 2008, S. 1/S. 92f.). Diese Überlegungen zeigen nicht nur die natürliche Nähe von Unternehmertum und kreativer, künstlerischer Tätigkeit selbst in konventionellen Wirtschaftsbetrieben, sondern im Umkehrschluss auch, dass Künstler über die besten Voraussetzungen verfügen, die organisatorisch-administrativen Aspekte ihrer Arbeit unternehmerisch zu gestalten. Die organisatorisch-administrative Arbeit ist demnach kreative Arbeit, so wie kreative Arbeit immer auch starke organisatorisch-koordinierende Aspekte hat.

Folgerichtig profitiert die künstlerische Arbeit von der unternehmerischen Mitverantwortung der Künstler für die gesamte Einrichtung. In der *Diskothek*-Sendung zu Arnold Schönbergs

Verklärte Nacht wurde die Aufnahme des Ensembles Resonanz (s. dazu auch die Fallstudie ab S. 44) als beste Aufnahme ermittelt. Patrick Jüdt, der als Gast in der Sendung saß, kommentierte das Gehörte – ohne in dem Moment bereits zu wissen, welches Ensemble dort spielte und wie es organisiert ist – mit folgenden Worten: «Es klingt für mich nach einem Ensemble, (...) wo viel Enthusiasmus von jedem Beteiligten dabei ist. (...) Auf jeden Fall ist dieses Ensemble, was da spielt, dieses Orchester, gewöhnt, eigeninitiativ zu arbeiten.» (Jüdt 2014, Min. 64:31) Die Kultur der Zusammenarbeit und die administrativen, unternehmerischen Strukturen des Ensembles ermöglichen in diesem Fall nicht nur die Kunst, sie konstituieren sie offenbar und begründen ihre Individualität und Klasse. Es dürfte auch kein Zufall sein, dass mit den Berliner und den Wiener Philharmonikern zwei Orchester zu den weltbesten Klangkörpern gezählt werden, deren Mitglieder starken Einfluss auch auf strategische und organisatorische Entscheidungen nehmen.

In diesem Sinne löst sich im Begriff des Kulturunternehmertums die strikte Trennung von Kunst und ihrem Management auf. Kulturunternehmertum lässt sich nicht darauf beschränken, die organisatorisch-administrative Arbeit zu stimulieren und zu optimieren, sondern bringt auch einen frischen, unkonventionellen Umgang mit den Kunstwerken selbst mit sich. Der Begriff des Kulturunternehmertums erschöpft sich weder darin, Marktnischen und Geschäftsfelder zu finden und mit kulturellen Leistungen zu bedienen, noch darin, Managementaufgaben mit unternehmerischer Risikofreude anzugehen. Mehr Unternehmertum in der Kultur ist daher nicht nur im Sinne stabiler wirtschaftlicher Rahmenbedingungen nötig und wünschenswert, sondern vor allem auch im Sinne der Kunst selbst.

Die kurzen Fallstudien dieses Bandes widmen sich nicht den sog «Leuchttürmen» der Musikszene, sondern Künstlern der freien Szene. Ihre Beispiele bestätigen allesamt, dass sich eine Forderung nach mehr Unternehmertum im Kultursektor nicht sinnvoll auf die organisatorisch-administrativen Aufgaben und Arbeitsbereiche beschränken lässt, weil sich die Art und Weise, wie diese bewältigt werden, zwangsläufig auf die Qualität der künstlerischen Arbeit auswirkt. Die Eigenlogik der Kunst konstituiert und formt zwar einerseits den Betrieb, die Eigenlogik der organisatorisch-administrativen Prozesse und Rahmenbedingungen wirkt sich aber in gleichem Maße auf die Qualität der Kunst aus. Künstlerische Arbeit und Management lassen sich nicht unabhängig voneinander denken; die Tätigkeiten, mit denen sich die Kulturmanagementlehre befasst, sind im Idealfall nicht nur Hilfsfunktionen, um Kunst zu ermöglichen, sondern untrennbar und konstituierend mit ihr verwoben. Dort, wo dies der Fall ist, im Sinne dieses Buches also von Kulturunternehmertum gesprochen werden kann, kommen innovative künstlerische Resultate in hoher Qualität zustande. Wie oben erwähnt, ergibt sich diese Verschränkung von künstlerischer und organisatorischer Arbeit bei jungen Kulturunternehmern oftmals notgedrungen. Was jedoch als Notlösung erscheinen mag – viele Künstler klagen darüber, zu viel Zeit für die organisatorische Arbeit aufwenden zu müssen und zu wenig Zeit für die künstlerische Arbeit zu haben – erweist sich aber oftmals als Glücksfall im Sinne eines frischen, unkonventionellen, inspirierenden Umgangs mit der Kunst.

Die Fallstudien sind nicht in dem Sinne zu verstehen, dass sich aus der Kombination der vorgestellten Ansätze der perfekte Kulturbetrieb ergeben würde. Eher im Gegenteil: Die Beispiele zeigen, dass es den exzellenten Kulturbetrieb nicht auf Patentrezept gibt. Das Management trägt eine ebenso individuelle Handschrift, wie die künstlerische Arbeit und es ist erfolgsentscheidend, dass beides in individuell stimmiger Weise ineinandergreift. Die Beispiele dienen daher als Anregung, wie Managementkultur und künstlerischer Anspruch aufeinander abgestimmt werden können, in der Überzeugung, dass nur dann nachhaltiger Erfolg möglich ist, wenn beides ideal miteinander korrespondiert.

Die Interviews wurden zwischen Februar 2012 und März 2013 geführt und ab September 2012 auf *kulturblog.net* erstveröffentlicht. Sie wurden für diese Veröffentlichung von den Interviewpartnern noch einmal durchgesehen und redigiert. Da in den Gesprächen vor allem die grundsätzliche Arbeitsweise und das allgemeine Selbstverständnis der Künstler thematisiert wurden, gab es jedoch nur wenige geringfügige Änderungen gegenüber der ursprünglichen Version. Bislang unveröffentlicht ist das Interview mit Louis Dupras, dem Geschäftsführer der Camerata Bern. Dort werden verschiedene Aspekte aus den anderen Fallstudien aufgegriffen und aus einer weiteren Perspektive dargestellt. Insofern ist auch dieses Interview durchaus aufschlussreich für das Thema dieses Buches.

Führung und Zusammenarbeit
«Mit offenen Flügeln spielen»

Die Zielvereinbarung (englisch: Management by objectives) scheint so etwas wie die Wunderwaffe der Führung zu sein: Man vereinbart verbindliche Ziele mit jedem Mitarbeiter, schreibt den Weg zu diesem Ziel aber nicht vor. Das motiviert die Mitarbeiter und entlastet die Vorgesetzten. So gesehen ist es nicht verwunderlich, dass dieses Führungsinstrument – ergänzt um das Leadership-Konzept – auch im Kulturmanagement als Mittel der Wahl gilt (vgl. Klein 2007, S. 67ff., 189ff., Lewinski-Reuter 2013, S. 139ff.).

Zielvereinbarungen sind ein klassisches Instrument der transaktionalen Führung. Dabei werden die persönlichen Interessen der Mitarbeiter und die Unternehmensinteressen als Gegensatz verstanden, der über eine Tauschaktion (Transaktion) ins Verhältnis gesetzt werden soll: Eine bestimmte Leistung gibt es immer nur gegen eine bestimmte Gegenleistung (Lohn). Das klingt fair, impliziert jedoch, dass die Mitarbeiter dem Arbeitgeber ihr volles Leistungspotenzial vorenthalten. Sie leisten nur, was sie auch entlohnt bekommen. Um es in einem Bild auszudrücken: Ein Hund, dem man ein Leckerli hinhält, wird so hoch springen wie er muss, um an das Leckerli zu kommen, aber nicht höher. Selbst wenn er könnte.

Trotzdem ist die Zielvereinbarung ein bewährtes Führungsinstrument, speziell dort, wo sich die Leistung eines Mitarbeiters anhand von Kennzahlen überprüfen lässt. Das ist im Kulturbereich allerdings höchstens in der Adminstration der Fall. Dort, wo es um Kreativität, Höchstleistung und Exzellenz geht, wo extrinsische Anreize nicht ausreichen, um den Anspruch eines Unternehmens zu erfüllen, stößt dieses Modell an seine Grenzen (vgl. Jenewein/Heidbrink 2011, S. 14ff.). Wie sollte auch eine Zielvereinbarung für einen Künstler aussehen? Ästhetisch-künstlerische Ambitionen lassen sich nicht auf Kennzahlen herunterbrechen.

In der Managementliteratur gewinnt daher für Hochleistungsorganisationen das Konzept der transformationalen Führung zunehmend an Bedeutung. Ansatz dieses Konzepts ist es, die Interessen und das Entfaltungsstreben der Mitarbeiter mit denen des Unternehmens in Einklang zu bringen. Wo das gelingt, sind die Mitarbeiter intrinsisch motiviert und geben auch ohne Leckerli Vollgas. Sie sind weniger Mitarbeiter als Mitunternehmer, weil sie sich voll mit der Sache identifizieren können und im Rahmen ihrer Rolle Verantwortung für das Gelingen des Ganzen übernehmen. Die Identifikation findet über eine gemeinsame Vorstellung von Arbeitskultur sowie künstlerischen und wirtschaftlichen Zielen statt. Statt den Fokus auf motivierende Anreize zu setzen, können Führungskräfte sich darauf beschränken, demotivierende Faktoren zu minimieren. Tranformationale Führung basiert typischerweise auf dezentralen, flachen Hierarchien, die den Teammitgliedern große Handlungskompetenz und Freiräume erlauben. Führungskräfte verstehen sich eher als Mentor und Coach für die Teammitglieder, denn als Vorgesetzte und Entscheider im Sinne einer Linienorganisation.

In der Kulturmanagementlehre wird dieses Führungskonzept bislang noch nicht diskutiert, im Kulturmanagement aber durchaus praktiziert. Meret Lüthi, die künstlerische Leiterin des Orchesters Les Passions de l'Ame, berichtet von ihrem ersten Projekt als Gastmusikerin des Freiburger Barockorchesters: «Wenn man in so einem tollen Orchester spielen darf, ist man natürlich sehr nervös. Ich habe mich sehr angestrengt, gut in die Gruppe der ersten Geigen zu passen. Aber ich hab dann gemerkt: das ist krampfig, so geht es nicht bei ihnen. Du kannst nur optimal zusammenspielen, wenn du deine Flügel öffnest. Und jetzt in Blick auf die Orchesterleitung weiß ich: nur wenn ich das mache, können die anderen Kollegen auch ihre Flügel öffnen und sich mit ihrer eigenen Persönlichkeit einbringen.»

Dieses Zitat bringt das Prinzip der transformationalen Führung auf den Punkt: die Mitarbeiter werden nicht durch bestimmte Maßnahmen und explizite Verabredungen zu bestimmter Leistung aktiviert. Entscheidend ist vielmehr der Freiraum zur persönlichen Entfaltung in Einklang mit den Zielen der Organisation. Eine implizite Führungs- und Arbeitskultur sowie eine als sinnstiftend erlebte Tätigkeit gewährleistet eine sich fortwährend austarierende Balance (Transformation) zwischen Zielen und Werten der Organisation einerseits und persönlichen Zielen und Werten der Ensemblemitglieder und Mitarbeiter andererseits.

Trotzdem bleibt die Frage, wie es konkret gelingt, in einem bunt zusammengewürfelten Haufen von freiberuflichen Musikern ein Gefühl der Gemeinschaft herzustellen? Und das, wo die Führungskraft praktisch keine disziplinarischen Instrumente zur Verfügung hat? Im Gespräch mit Meret Lüthi haben sich diesbezüglich sechs Aspekte als wesentlich für den Erfolg ihres Orchesters gezeigt:

Netzwerk. Die meisten Musiker von Les Passions de l'Ame haben in der einen oder anderen Weise einen Bezug zum Freiburger Barockorchester, sei es als Mitglied, als Gastmusiker oder als Absolvent der Ensembleakademie. Sie haben dessen künstlerischen Anspruch und die Arbeitskultur verinnerlicht. «Das gibt einem auch eine gemeinsame Identität, dass man das Vorbildorchester von innen kennt», sagt Lüthi.

Personalauswahl. Dieses Netzwerk ist auch die Basis für die Personalauswahl. Klassische Probespiele gibt es bei Les Passions nicht. «Die menschliche, persönliche Konstellation muss neben der fachlichen Kompetenz auch stimmen und ist wichtige Voraussetzung dafür, dass es musikalisch klappt», so Lüthi. Es ist entscheidend, dass sich die Mitglieder mit der Kultur, den Werten, der Arbeitsweise und den Zielen des Orchesters identifizieren, nicht nur, dass sie erstklassige Musiker sind.

Rituale. Um das Gemeinschaftsgefühl zu stärken, legt Lüthi wert auf kleine Rituale, die im Rahmen der Konzertprojekte des Orchesters gepflegt werden. Sie sind nicht als Führungsinstrument eingeführt worden, sondern im Laufe der Zeit entstanden. Sie machen einen Teil des Reizes aus, in dem Orchester zu spielen und werden daher bewusst gepflegt. Dazu gehört das gemeinsame Kaffeetrinken in der Altstadt während Probenpausen, kleine Präsente für die Musiker oder gemeinsame Kochpartys während der Arbeitsphasen.

Führung durch Kompetenz. Wie verschafft sich eine Führungskraft Autorität in einem Klangkörper, der keine formale Hierarchie kennt, in dem hochqualifizierte Musiker zusammenkommen, die alle eine eigene Meinung haben und wo es keine disziplinarischen Möglichkeiten wie in einem klassischen Angestelltenverhältnis gibt: Lüthi bereitet sich auf jedes Programm akribisch vor, studiert Partituren, stellt musikwissenschaftliche Recherchen an. «In der Vorbereitungsphase muss ich soweit kommen, dass ich Vertrauen ausstrahlen kann», sagt sie. So kann sie die Proben immer kompetent anleiten und Anregungen, die aus dem Orchester kommen, einordnen. In Gebieten, in denen Orchestermitglieder besondere Stärken haben, bindet sie deren Kompetenz gezielt mit ein.

Mitunternehmertum. «Das Interesse, an diesem Orchester beteiligt zu sein, ist riesig», sagt Lüthi. Die Möglichkeit, selbst gestalterisch Einfluss auf das Arbeitsergebnis nehmen zu können, ist entscheidend für die Motivation. Lüthi leitet das Orchester von der Position der Konzertmeisterin aus. Dieses Konstrukt ist aber flexibel. Wo es sich aus der Musik heraus ergibt, können auch die Stimmführer anderer Gruppen streckenweise die Führung übernehmen. Auch bei organisatorischen Aufgaben engagieren sich die Orchestermitglieder gern.

Institutionalisierte Kritik. Positiv zu denken und das Glas als halb voll zu betrachten ist keine Einstellung, die zur Exzellenz führt. Lüthi ist jedoch wichtig, dass die Distanz zu dem, was noch nicht erreicht wurde, ein stetiger Ansporn ist und nicht demoralisiert. Ihre Änderungswünsche in den Proben formuliert sie daher als positive Verstärkung, nicht durch Konzentration auf die Fehler. Für sich selbst erstellt Lüthi nach jedem Konzert eine Auswertung mit Dingen die gut, und solchen, die weniger gut gelaufen sind, um im nächsten Projekt darauf zurückgreifen bzw. es besser machen zu können.

Fazit. Im Einleitungskapitel wurde ein enger Zusammenhang von Managementkultur und künstlerischer Qualität postuliert. Am Beispiel von Les Passions de l'Ame lässt dieser sich besonders gut demonstrieren. Das Konzept der transformationalen Führung, wie von Lüthi praktiziert, ermöglicht die künstlerische Klasse des Orchesters. Allein mit den herkömmlichen Instrumenten der transaktionalen Führung, wie sie auch die Kulturmanagementlehre empfiehlt, wäre dieses Niveau nicht realisierbar, weil dieses Konzept wichtige Stellschrauben, die Exzellenz ausmachen, nicht abdeckt.

Interview mit Meret Lüthi
«Ich möchte die ganze Regenbogenpalette»

Wie kommt man auf die Idee ein Orchester zu gründen? Ist das zusammen mit anderen entstanden oder hast du Leute gesucht, die zusammen mit dir deine Idee verwirklichen?
Die Wahrheit liegt irgendwo dazwischen. Ich habe die Idee geäußert, aber zugleich waren wir zuerst eine kleine Gruppe von drei Musikern, die das erste Projekt realisiert haben. Für dieses erste Projekt haben wir es uns nicht zugetraut, die musikalische Leitung selbst zu übernehmen und haben jemanden, den wir von der Hochschule kannten, gebeten, das zu machen. Nach dem ersten Projekt habe ich die musikalische Leitung übernommen und bin während der folgenden Projekte in dieses Amt hineingewachsen. Seit dem vierten Projekt – das war 2009 – haben wir die gleiche Stammbesetzung und seitdem hat das Orchester auch seine eigene künstlerische Handschrift. Ich hab seit meiner Kindheit immer gern Teams angeführt. Ich hab schon sehr früh ein Schulorchester mitgeleitet und später an der Uni Kurse für Fachdidaktik gegeben. Wie bei der Gründung von Les Passions habe ich mich oft in Situationen begeben, wo ich die Verantwortung übernommen habe. So gesehen habe ich schon mein Leben lang für diese Aufgabe trainiert.

Les Passions de l'Ame ist ein Orchester, bestehend aus freiberuflichen Musikern, die für einzelne Projekte aus ganz Europa zusammenkommen. Wie entsteht da so etwas wie eine eigene Handschrift, ein Gruppengefühl?
Das Orchester hat zu einer eigenen «Handschrift» gefunden, weil bei mir alle Informationen zusammenlaufen und das musikalische Konzept für unsere Projekte von mir kommt. Dazu gibt es einen Kern von Stammspielern, die alles gemeinsam reflektieren. Sie freuen sich, dass sie gefragt sind, dass sie sich einbringen können. Es gibt viele Orchester, wo niemanden interessiert, was sein Hintermann denkt. Aber ich gehe davon aus, dass ein Orchester sein Potenzial erst ausschöpft, wenn jeder seine Ideen äußern kann und sich als Person einbringen kann.

Was tust du als Führungskraft, um das dieses Potenzial zur vollen Entfaltung zu bringen?

Ich selbst hatte diesbezüglich ein wichtiges Aha-Erlebnis bei meiner ersten Tournee mit dem Freiburger Barockorchester. Wenn man in so einem tollen Orchester spielen darf, ist man natürlich sehr nervös. Die Tournee ging dann auch gleich nach Mexiko und ich habe mich sehr zusammen genommen und sehr angestrengt, damit ich gut in die Gruppe der ersten Geigen passe. Aber ich hab dann gemerkt: das ist krampfig, so geht es nicht bei ihnen. Du kannst nur optimal zusammenspielen, wenn du deine Flügel öffnest. Und jetzt in Blick auf die Orchesterleitung weiß ich: nur wenn ich das mache, können die anderen Kollegen auch ihre Flügel öffnen und sich mit ihrer eigenen Persönlichkeit einbringen. Ich muss mich engagieren, damit sie sich auch engagieren können. Ich denke, dass ist genau das Geheimnis zum Erfolg. Dass die Musiker Raum haben, sich zu öffnen und ihre individuellen Fähigkeiten und Stärken zu entfalten. Das Orchester ist wie ein wunderbarer Malkasten. Ich möchte die ganze Regenbogenpalette, denn nur so komme ich zum farbigen Resultat. Ich will nicht, dass alle grün malen.

Wie bereitest du dich auf die Konzertprojekte vor? Worauf kommt es hier an?

In der Vorbereitungsphase muss ich soweit kommen, dass ich Vertrauen ausstrahlen kann. Dazu muss ich vor allem die Partitur sehr gut kennen. So verbringe ich Stunden am Klavier und gehe alle Stimmen und Harmonien durch. Aber neben der musikanalytischen Vorbereitung gehört für mich auch die musiktheoretische, musikhistorische Vorbereitung dazu. Aktuell machen wir ein Arienprogramm, da weiß ich zu jeder Arie, wann sie entstanden ist, wie Händel zu der Sängerin stand, für die die Arie geschrieben war, aus welcher Szene welcher Oper, was passiert in der Szene, wie war die Rezeption der Oper etc. Das ist viel Arbeit, aber es erleichtert mir dann einen schnellen Zugang. Und ich kann dann auch schneller eine Stimmung im Team hervorrufen.

Kannst du einen Punkt definieren, wo du sagen kannst: Jetzt hab ich es drauf! Jetzt fühle ich mich sicher.

Es ist lustig, aber es geht immer genau auf. Mittlerweile habe ich auch ein bisschen Erfahrung und Routine und die Vorbereitung geht dadurch schneller. Außerdem kann ich mehr und mehr darauf vertrauen, dass ich im Moment sehr schnell und intuitiv reagieren kann. Deswegen kann ich mittlerweile manchmal auch Schritte überspringen, die ich früher nicht hätte überspringen können. Beim aktuellen Programm beispielsweise habe ich die harmonische Analyse nicht zu Ende getrieben. Aber auch, weil ich weiß, dass es für dieses Programm nicht entscheidend ist. Im Übrigen kann zu viel Vorsprung auch mühsam sein, weil es mir dann zu lange dauert, bis das gesamte Orchester auf einem Stand ist.

Wie sieht die Erarbeitung der Programme mit dem Orchester denn ganz praktisch aus? Ihr habt ja nur eine begrenzte Zeit zur Verfügung. Wie leitest du da die Proben an, damit sie effizient ablaufen, aber sich trotzdem jeder einbringen kann?

Auch da ist die Vorbereitung meinerseits ausschlaggebend. Wenn ich die Partitur wirklich gut kenne, dann komme ich ganz flexibel und entspannt in die erste Probe. Dann kann ich auch zulassen, dass eine Probe nicht ganz pünktlich anfängt. Das war für mich vor zwei, drei Jahren noch unvorstellbar. Heute weiß ich, dass es wichtiger ist, die Kollegen abzuholen und dass sie erstmal ankommen können. Wenn man frisch wieder zusammenkommt, möchte man zunächst einmal eigentlich stundenlang schwatzen. Da darf man sich nicht stressen lassen, wenn man nicht ganz schafft, was probenmäßig budgetiert ist. Wir profitieren am nächsten Tag von dieser langsamen Einleitungsphase und entspannten Atmosphäre. Und dann wähle ich meistens ein Stück für den Anfang, das sicher flutscht. So starten wir motiviert in die Arbeitsphase und alle freuen sich auf das Projekt.

Wie muss man sich die Abstimmung und Kommunikation im Orchester während des Musizierens vorstellen? Ihr spielt ja ohne Dirigenten, der koordiniert und den Takt vorgibt. Du leitest von der Position der Konzertmeisterin aus. Und ihr spielt im Stehen.

Ja. Wir sind im Kreis aufgestellt, Cembalo in der Mitte, so dass die Cembalistin auch ins Publikum schaut. Die ersten und zweiten Geigen stehen einander manchmal gegenüber. Das ist auch ganz toll, obwohl akustisch nicht immer ganz einfach, weil die zweiten Geigen dann gegen die Wand spielen, nicht ins Publikum. Sie müssen dann die Aufmerksamkeit an sich reißen. Und dann gibt es gewisse Universalcodes. Sei das zum Beispiel ein Abschluss von einem Ton, den du mit einer Geste begrenzen kannst. Mit der Zeit hast du auch ein Repertoire, wie du Einsätze gibst. Und dann muss man bereit sein, auch etwas Neues zu probieren, wenn sich ein Einsatz zwei, drei Mal nicht bewährt hat. Oftmals frage ich auch: «lieber so oder so?» Dann sagen vielleicht die, die weiter hinten sitzen: der kleine Einsatz ist für uns nicht so gut sichtbar. Die Musik, die wir machen stammt aus der Zeit zwischen 1680 und 1780. Diese Musik ist vom Bass aus gedacht. Die Basslinie bestimmt das harmonische Gefüge. Ich bin deswegen in ständigem Augenkontakt mit der Cellistin. Weil ich ja nicht alle Mitspieler angucken kann, weiß ich auch, dass sie zu mir gucken. Meistens bin ich die erste Instanz, aber es gibt auch Stellen, wo z.b. die Cellistin erste Instanz ist und die Impulse setzt. Das ist dynamisch und ändert sich, je nachdem, was die Musik verlangt. Und wenn es Unfälle gibt, muss man das natürlich ansprechen und klären. Im Idealfall ist das Musizieren wie Tanzen, wo es auch kein passives Folgen gibt. Dabei ist das Stehen sehr hilfreich, weil sich die Dynamik im Orchester leichter transportiert. Das hat auch wieder mit den offenen Flügeln zu tun, von denen ich vorhin sprach.

Habt ihr eine Feedbackkultur, dass ihr Konzerte nachbesprecht? Ähnlich wie am Theater, wo es nach den Vorstellungen immer eine Kritik der Abendspielleitung gibt.

Im Moment sind wir in der unprivilegierten Lage, dass wir unsere Programme nur zwei oder drei Mal spielen. Es wäre ein Luxus, wenn wir etwas zehn Mal spielen könnten. Wir machen vor jedem Konzert eine kurze Anspielprobe. Da fasse ich noch einmal die Quintessenz aus der Generalprobe zusammen. Ich versuche dann ganz konzentriert die letzten Korrekturen anzubringen. Nicht nörgelnd, sondern immer so, dass es Freude macht, meine Vorschläge noch umzusetzen. Das ist auch etwas, das ich beim Freiburger Barockorchester gelernt habe: Dort läuft es nur über positive Verstärkung. Fehler zu machen und zu scheitern ist in meinen Augen der Weg zum Erfolg. Aber die Distanz zu dem, was noch nicht ist, darf nicht erdrückend wirken, sondern muss als Zug wirken. Wenn man eine Stelle in den Anspielproben nochmal ganz gründlich durchgeht und wieder mit Vertrauen spielen kann, dann reicht das stellvertretend oft für das ganze Stück. Dann muss man gar nicht noch einmal alles durchgehen. Wichtig ist halt, die richtige Stelle zu finden und dann diese Stelle mit der richtigen Arbeitsweise in der Anspielprobe noch einmal durchzugehen. Und nach den Konzerten gehen wir meistens zusammen etwas trinken und sprechen dann natürlich auch noch einmal über das Konzert. Die Stimmung dort ist auch immer ein Barometer dafür, wie gut ein Konzert war. Einen Tag nach Abschluss des Projekts schreibe ich immer allen Teilnehmern mein Dankeschön. Das ist mir sehr wichtig. Selbst wenn ein Konzertprojekt vielleicht nicht ganz die Erwartungen erfüllt hat. Ich bedanke mich immer, denn ich weiß, dass jeder sein Bestes gegeben hat und mir ist wichtig, das zu honorieren. Zu guter letzt werte ich jedes Projekt im Anschluss für mich selbst aus und schreibe auf, was ich gelungen fand, was ich beibehalten will und was ich das nächste Mal anders machen will. Auch Projekte, die nicht ganz befriedigend waren, sind dadurch lehrreich.

Habt ihr Rituale, mit denen ihr eure Erfolge feiert?

Die Musiker kommen ja immer aus Brüssel, München und sonstwo nach Bern und sind hier privat untergebracht. Weil sie in der Stadt nicht verankert sind, organisieren die Musiker deswegen untereinander immer irgendwelche Kochpartys oder ähnliches. Wie in einer großen WG, da ist immer etwas los, was die Konzertprojekte auch über das Musikalische hinaus zu etwas Besonderem macht. Ansonsten sind es mehr so ganz kleine Sachen und Rituale. Zum Beispiel unser Probenort, den alle sehr lieben: ein Zunftsaal in der Altstadt von Bern. Das ist eine tolle Atmosphäre. In den Pausen gehen wir in der Altstadt Kaffee trinken oder sitzen in der Küche, die es dort gibt und unterhalten uns. Diese kleinen Rituale und Besonderheiten sind sehr wichtig, weil sie identitätsstiftend sind und die Arbeit bei Les Passions ausmachen. Ich schenke jedem Mitspieler zum Beispiel vor dem

Konzert ein kleines Präsent, das zum Thema unseres Konzertprogramms passt. Auch das gehört dazu.

Wie rekrutierst du neue Leute für das Orchester? Klassischerweise werden Orchestermusiker ja über ein Probespielverfahren ausgewählt.

Ich lerne über meine Arbeit soviel Leute kennen, dass ich immer jemanden kenne, der in Frage kommt. Im Zweifel frage ich noch andere, denen ich vertraue, ob sie jemanden kennen. Wir haben das Glück, als Stimmführerin der zweiten Geigen eine Musikerin zu haben, die langjähriges Mitglied des Freiburger Barockorchesters ist und dort auch sehr aktiv in der Ensembleakademie arbeitet. Einmal im Jahr werden Studenten eingeladen und eine Woche intensiv gecoacht. Sie empfiehlt mir dann oft gute Leute von dieser Akademie. Es sind im Ganzen vier oder fünf unserer Streicher, die dort mitgemacht haben. Und fast alle Musiker haben irgendeinen Zusammenhang zum Freiburger Barockorchester. Das gibt einem auch eine gemeinsame Identität, dass man das Vorbildorchester von innen kennt.

Ihr macht also keine Probespiele?

Nein, ich muss die Musiker auch als Menschen kennen. Das ist in einem Probespiel nicht möglich. Einmal habe ich jemanden ins Orchester genommen, den ich nicht schon persönlich gekannt habe. Das hat überhaupt nicht funktioniert. Es war ein sehr guter Musiker, aber die Chemie hat einfach nicht gestimmt. Da waren alle gewohnten Abläufe und alle gewohnte Harmonie wie weggeputzt. Ansonsten würde ich mit jedem meiner Musiker ein Nachtessen verbringen und ich wüsste, dass es ein netter Abend würde. Den Musikern untereinander geht es auch so, ich erzählte ja schon von den Kochpartys. Die menschliche, persönliche Konstellation stimmt einfach und das ist auch wichtig, dafür, dass es musikalisch klappt. Bei neuen Mitspielern ist es deswegen wichtig, dass sie Anknüpfungspunkte haben. Ich hole nie ganz Fremde hinein, sondern achte drauf, dass sie mindestens zwei aus dem Orchester schon kennen. Ein Probespielgedanke passt nicht zum Konzept des Orchesters, denn da lernt man nicht den Menschen kennen und diese Öffnung gegenüber den anderen ist auch nicht möglich.

Bei aller Freundschaft gibt's doch sicher auch einmal Meinungsverschiedenheiten. Wie geht ihr damit um?
Eine implodierende Konfliktsituationen gab's nur einmal, eben das was ich gerade erzählt habe, wo die Chemie einfach nicht gestimmt hat. Diese Situation habe ich im Einzelgespräch mit allen Orchestermitgliedern nachbearbeitet.
Und bei kleineren Unstimmigkeiten, wo einfach mal zwei Meinungen bestehen, die einfach nicht zusammenkommen?
Meistens sind es Anregungen, die eine Idee von mir verstärken. Oder es kommt etwas, das ich dadurch entkräften kann, dass ich durch meine Vorbereitung einen größeren Überblick über die Partitur habe. Wenn jemand beispielsweise ein Ritardando vorschlägt kann ich sagen: in diesen drei Zeilen sind schon zwei Ritardandi, noch eins wäre jetzt einfach zu viel des Guten. Wenn ich das so begründen kann wird das auch akzeptiert. Und sonst löst sich viel über Ausprobieren und gemeinsames Abwägen. Mir ist es auch wichtig, dass nicht immer ich als Leitende auf die Schwachstellen zeigen muss. Deswegen bitte ich zum Beispiel mal einen Kollegen von draußen zuzuhören und speziell auf Balance und das Unisono in diesem und jenen Takt zu achten. Dann kommt ein Feedback wie: «Die Balance ist ok, aber das Unisono ist schrecklich.» Das sind so Tricks, die ich manchmal einsetze. Aber nicht nur als Trick, sondern auch, weil ich weiß: der Kollege hat einfach super Ohren. Und es gibt ihm oder ihr auch eine Wichtigkeit und die Möglichkeit, mit zu gestalten und Einfluss zu nehmen.
Gibt es noch andere Sachen über die reine Musik hinaus, wie die Musiker in die Verantwortung genommen werden? Organisatorische Arbeiten, die zu erledigen sind, die aber auch die Beziehung zu dem Orchester intensivieren.
Das ist zwischenzeitlich etwas abhanden gekommen, denn das Gründungsteam ist ja nur noch mit mir vertreten. Im Gründungsteam gab es eine Arbeitsteilung für die organisatorischen Aufgaben, aber wir waren dabei auch Klumpfüße füreinander. Jetzt muss ich es nicht mehr drei Personen, sondern nur noch mir recht machen. Und das ist das Schwierigste eigentlich, aber es ist authentisch und ermöglicht die Handschrift, von der wir ein-

gangs sprachen. Und rein organisatorisch betrachtet ist es natürlich auch effizienter, wenn ich nicht immer zwei andere konsultieren muss, ob sie einverstanden bzw. worauf wir uns einigen können. Aber es ist natürlich viel mehr Arbeit für mich. Im letzten November habe ich zum ersten Mal eine Orchesterversammlung einberufen. Ich habe mir vorgenommen, das in Zukunft häufiger zu machen, weil es mir gezeigt hat: das Interesse, an diesem Orchester beteiligt zu sein, ist riesig. Fast alle haben Lust etwas anzubieten. Der eine Geiger hat zum Beispiel gesagt: «Gib mir alle Archivaufnahmen, ich höre sie durch und gucke, was man auf die Website nehmen kann.» Eine andere hat eine Dia-Slideshow für Youtube gemacht, die bastelt gern. Andere waren bei organisatorischen Fragen beratend zur Seite. Ich bin jetzt so weit, dass ich Dinge delegieren kann. Aber wir haben keine Ressorts verteilt, die Aufgabenverteilung wird situativ entschieden. Das war eine Erkenntnis des letzten Jahres, dass ich an dem Punkt, an dem wir jetzt stehen, die Arbeit auf mehr Schultern verteilen muss.

Das Gespräch mit Meret Lüthi fand im Juni 2012 in Bern statt.

*

Das Berner Orchester Les Passions de l'Ame wurde 2008 gegründet. Es hat sich zur Aufgabe gemacht, Musik des 17. und 18. Jahrhunderts in historisch informierter Aufführungspraxis aufzuführen und gastiert bei namhaften Festivals in ganz Europa. Das Schweizer Radio SRF 2 Kultur überträgt regelmäßig die Konzerte von Les Passions de l'Ame. Die erste CD «SPICY», erschienen bei SONY Music Switzerland, wurde mit dem Diapason d'Or ausgezeichnet. Von den zahlreichen enthusiastischen Kritiken bestärkt, gab das Orchester im September 2014 seine zweite CD «Bewitched» mit der Sopranistin Robin Johannsen heraus.

Meret Lüthi ist Mitgründerin von Les Passion de l'Ame, seit 2009 ist sie Künstlerische Leiterin des Ensembles. Sie leitet die Konzerte von der Position der Konzertmeisterin aus. Neben ihrem Engagement für das Ensemble arbeitet die Spezialistin für Alte Musik als Dozentin für Barockvioline an der Hochschule der Künste in Bern sowie als Kammermusikerin und Orchestercoach.

lespassions.ch

Innovation
Streng nach dem Lustprinzip

2009 sorgte ein Buch mit dem Titel *Das Konzert* für Aufruhr in der Klassikszene (Tröndle 2009). Die zentrale Forderung des von Martin Tröndle herausgegebenen Bandes lautet, dass sich das Konzert als Aufführungsformat erneuern müsse, wenn es nicht aussterben solle. Es fordert damit die Innovationslogik gewöhnlicher Märkte für den Konzertbereich. Aufgrund der weitgehenden öffentlichen Finanzierung des klassischen Konzertwesens fehlt hier allerdings die Wettbewerbssituation, die normalerweise für einen hohen Innovationsdruck sorgt.

In der wirtschaftswissenschaftlichen Literatur wird zwischen zwei Arten der Innovation unterschieden. Es gibt zum einen die radikale oder auch disruptive Innovation, die grundlegende Überzeugungen und Erfolgslogiken eines Marktes verändert. Und es gibt zum anderen die inkrementelle Innovation, bei der bestehende Produkte und Märkte evolutionär weiterentwickelt werden. Bei aller unterstellten und tatsächlichen Verstaubtheit des heutigen Konzertwesens darf nicht übersehen werden, dass das klassische Konzert durchaus radikale Innovationsprozesse durchgemacht hat. Dank dieser radikalen Innovationen werden heute sowohl das Wohnzimmer als auch das Sportstadion zum Konzertsaal. Der technische Fortschritt, der Grundlage dieser Innovation ist, hat auch ästhetisch auf die Musik zurückgewirkt, diese selbst innoviert und deren Ausdrucks- und Gestaltungsmittel erweitert. Das gilt ebenso für die multimedialen Stadionspektakel von U2 und Co., die nur bei guter Starkstrom-Infrastruktur bestritten werden können, wie für die Studiobasteleien eines Glenn Gould, deren ästhetisches Resultat nur im Wohnzimmer rezipiert werden kann. Wo diese ästhetischen Rückwirkungen der technischen Innovationen auf die Musik selbst ausgeklammert werden, die klassische Kultur also inhaltlich unangetastet bleibt, sind grundlegende, disruptive Innovationen nicht möglich. Hier kommen jedoch inkrementelle Innovationen in Betracht. Die technischen und ästhetischen Grundbedingungen der Wiedergabe und Rezeption werden hierbei nicht in Frage gestellt, wohl aber die verschiedenen Parameter der klassischen Aufführungstradition weiterentwickelt und modernisiert.

Die Diagnose Tröndles, dass hier hoher Erneuerungsbedarf besteht, mag im Bereich der Traditionsorchester stimmen, auch wenn Inhalt und (Darbietungs-)Form freilich nicht unabhängig voneinander gedacht werden können. Die Rezeptionsbedingungen für sinfonische Musik sind hinsichtlich Akustik, Infrastruktur, Konzentration usw. in einem Konzertsaal nun einmal besser als in einer Reithalle mit einem Schwalbennest im Dach. Inwieweit inkrementelle Innovation im Konzertwesen dennoch möglich ist, zeigen junge Kulturunternehmer und Kultur-Startups wie das 2009 gegründete PODIUM Festival Esslingen. Im Gespräch mit Steven Walter, dem Gründer und künstlerischen Leiter des PODIUM Festivals, wird wie im vorangegangenen Kapitel deutlich, dass frischer Wind im Konzertwesen mit frischem Wind im Management einhergeht. Im folgenden werden fünf Aspekte dargestellt, die dies im Gespräch mit Steven Walter beispielhaft gezeigt haben.

Streng nach dem Lustprinzip - Transformationale Führung. Auch beim PODIUM Festival bildet ein transformationaler Führungsansatz die Grundlage des Managements und ermöglicht die Innovationsfähigkeit und Authentizität des Angebots: «Wir sind streng nach dem Lustprinzip vorgegangen. Das Potential, Menschen auf ein gemeinsames Ziel zu synchronisieren, kommt aus gemeinsam angestrebten Inhalten», so Walter. Was motiviert, ist die gemeinsame Ausrichtung auf eine beflügelnde Idee, der sich alle gern freiwillig und ohne geldwerte Belohnungsanreize verschreiben. Auf diese Weise trägt ein großes Team von ehrenamtlichen Mitarbeitern zum Gelingen und zum professionellen Anspruch des Festivals bei.

Publikumscheck im Vorwege – Crowdfunding. Auch in Bezug auf die Mittelbeschaffung beschreitet das PODIUM Festival neue Managementwege: Es war der erste deutsche Veranstalter im Bereich der klassischen Musik, dem es gelang, eine Veranstaltung über Crowdfunding zu finanzieren. Bei dieser Finanzierungsform zahlt eine hohe Zahl an Unterstützern kleine Beiträge. Kommt der gewünschte Betrag bis zu einem gegebenen Zeitpunkt zusammen, kann das Geld für die Realisierung des Projekts verwendet werden. Falls nicht, wird das eingezahlte Geld erstattet und das Projekt kommt nicht zustande. Crowdfunding setzt damit die Bereitschaft voraus, die Programmplanung oder das künstlerische Konzept bereits vor der Aufführung einem Publikumscheck auszusetzen. Es bricht damit mit der weit verbreiteten Überzeugung, dass Kulturmarketing eine der Programmierung nachgelagerte Funktion sei.

Gewohntes in Frage stellen. Grundprinzip jeder Innovation ist es, gewohnte Denkmuster in Frage zu stellen. Das ist beim PODIUM Festival nicht anders: «Wenn einmal die Vorgegebenheit des ‹klassisches Konzerts› in Frage gestellt wird, fallen einem sofort viele naheliegende und vielleicht viel spannendere Rezeptionssituationen für diese großartige Musik ein.» Walter ist der Überzeugung, dass sich das musikalische Erlebnis nicht allein über den Hörsinn erschließt, sondern von vielen Parametern abhängt. Durch synästhetische Erlebnisse wie Visualisierungen oder Lichtgestaltung wird die Komplexität der Musik leichter erfassbar. Das Innovationsspektrum des PODIUM Festivals bezieht sich daher vor allem auf die nichtmusikalischen Aspekte des Konzerts und gestaltet diese mit einer künstlerischen Herangehensweise.

Keine «Klassik light» - Hoher inhaltlicher Anspruch. Ein Punkt, der hohes Ansehen des Festivals auch in der etablierten Klassikszene sichert, ist der inhaltliche und konzertdramaturgische Anspruch, den Walter und sein Team hoch halten. Dieser Anspruch setzt den Rahmen für die Innovationen und den Ansatz, Gewohntes in Frage zu stellen. «Klassik light» sei schlimmer als die Konzertveranstaltungen in Beerdigungsstimmung, so Walter und zeigt hier seine konservative Seite: «Diese Musik ist komplex und oft in ihrer Intensität anstrengend – anderes zu behaupten ist Etikettenschwindel, der die Musik verrät.» In diesem Punkt gibt sich Walter traditionsbewusst, legt aber auch eine künstlerische Messlatte fest, die übersprungen werden muss.

Probieren geht über studieren – Praxistest. In Übereinstimmung mit anderen Kulturunternehmern (siehe hierzu weitere

Interviews mit Kulturunternehmern auf kulturblog.net) betont Walter, dass es wichtig ist, eine Idee in der Praxis zu proben. Zumindest für die Startphase, in der man getragen ist durch Euphorie und eine gewisse Naivität, funktioniert dieses Prinzip des Einfach-Loslegens: «Wir dachten, es sei ein Spaziergang, am Ende war es eine alpine Bergbesteigung. Alles wurde unterwegs gelernt.» Gerade komplexe, dynamische Projekte lassen sich nicht am Reißbrett entwerfen und bis in alle Details durchdenken, sondern brauchen den Praxischeck und eine agile Planung. Wichtig ist es, so Walter, aus den Erfahrungen zu lernen und sie in die strategischen und unternehmerischen Überlegungen einfließen zu lassen.

Fazit. Walter und Tröndle verstehen die Krise des klassischen Konzertwesens nicht als Krise der Relevanz des Repertoires, sondern als Krise von dessen Vermittlung und Darbietung. Um die Krise zu überwinden setzen sie auf inkrementelle Innovationen der Rahmenbedingungen des Konzerts. Es bleibt dadurch – in Analogie zu den Funktionsmechanismen herkömmlicher Märkte – als Freizeitangebot «wettbewerbsfähig». Auch am Beispiel des PODIUM Festivals zeigt sich, dass das Management nicht einfach Hilfsfunktion zur Realisierung bestimmter künstlerischer Ideen ist. Erst wo Management und ästhetischer Anspruch in stimmiger Weise miteinander korrespondieren, entsteht eine aufregende Erfahrung für den Zuschauer.

Interview mit Steven Walter
«Wir haben kein Produkt-Problem»

Es gibt Musikfestivals zuhauf. Was war der Antrieb, ein weiteres zu gründen?
Es ging zunächst nicht vornehmlich darum, ein Festival zu gründen. Ziel war, das «klassisch» genannte Konzert neu zu denken und eigene Ideen umzusetzen, also ein Podium für Konzertinnovationen zu schaffen. Das Festival hat sich dann einfach als brauchbares Format für ein solches Laboratorium erwiesen. Antrieb war also nicht, einfach noch ein Festival zu gründen, sondern neue Ideen, Inhalte und Strukturen zu entwickeln.
Mit Blick auf die Frage des Kulturunternehmertums interessiert mich eure Herangehensweise. Wie seid ihr vorgegangen, um eure Idee zu realisieren?
Wir sind streng nach dem Lustprinzip vorgegangen. Das Potential, Menschen auf ein gemeinsames Ziel zu synchronisieren, kommt aus gemeinsam angestrebten Inhalten. Wir waren einfach ein Haufen Freunde, die Lust auf Initiative und Eigenständigkeit hatten. Diese Dynamik ist für jedes Kultur-Startup meines Erachtens Bedingung. Man redet im Management ja viel von Methoden und Prozessen – aber zunächst braucht man hauptsächlich gute Leute, die richtig wollen und wissen, worum es im «Großen und Ganzen» geht. Das natürlich notwendige Management kommt dann später, wird gewissermaßen drübergestülpt.
Habt ihr einen Businessplan geschrieben?
Zunächst nicht. Wir haben anfangs reichlich naiv und wie uns der Schnabel gewachsen war losgelegt, Ideen zu entwickeln und umzusetzen. Wir dachten, es sei ein Spaziergang, am Ende war es eine alpine Bergbesteigung. Alles wurde unterwegs gelernt. Zum Glück fingen wir aber früh an, strategisch und durchaus auch unternehmerisch zu denken. Diese Drauflos-Arbeit geht aber nur in der Startphase. Irgendwann muss eine langfristig tragfähige Struktur her. Daher sitzen wir jetzt, nach fünf Jahren, erstmals an einem Businessplan, um die PODIUM Arbeit auf langfristig festen Boden zu verankern.

Wie habt ihr die Finanzierung des Festivals auf die Beine gestellt?

Es gibt hierzulande im Kulturbereich zum Glück noch genügend fördernde Stiftungen und öffentliche Töpfe, bei denen man mit neuen Ideen hausieren gehen kann. Am Anfang haben wir einfach sehr viele Anträge geschrieben. Inzwischen haben wir eine außerordentliche Mischfinanzierung, wobei weit über 80% aus Drittmitteln kommt oder selbst erwirtschaftet wird. Wir versuchen auch neue Wege im Fundraising zu gehen - so waren wir zum Beispiel Deutschlands erste klassische Musikinstitution, die erfolgreich Crowdfunding betrieb.

Was war das für ein Projekt oder für eine Veranstaltung, die ihr über Crowdfunding finanziert habt? Um welche Summe ging es dabei? Wie waren eure Erfahrungen?

Das war unsere erste Clubveranstaltung namens «PODIUM 360° - Classical Club Concert». Das Veranstaltungformat war damals für uns Neuland und zudem gab es wegen der technischen Mehrkosten eine Finanzierungslücke. Begeistert von der damals im Jahre 2010 in Deutschland sehr neuartigen Technologie Crowdfunding ließen wir es auf einen Versuch ankommen. Es hat geklappt, die benötigten 5.500 Euro kamen zusammen. Schön war der Nebeneffekt, dass damit zugleich die Tragkraft der Idee getestet wurde. Somit hat Crowdfunding auch stets das Potential, eine Art sozialer «proof of concept» zu sein. Außerdem wurde die Veranstaltung so schon während der Konzeptionsphase öffentlich beworben. Man darf den ziemlich hohen Aufwand nicht unterschätzen - wenn es nur ums Geld ginge, gibt es sicher leichtere Bezugsquellen. Crowdfunding ist aber deswegen interessant und wird sicherlich zunehmend relevant werden, weil es Marktforschung, Marketing und Finanzierung ziemlich elegant verbindet und Gemeinschaft zwischen Machern und Publikum stiftet.

Mit welchen Problemen hattet ihr bei der Realisierung eurer Idee zu kämpfen? Wie habt ihr sie gelöst?

Das größte Problem war zunächst überhaupt ernst genommen zu werden, vor allem in der Anfangsphase. Die klassische Musikszene ist sehr stark institutionalisiert, man spricht vom

Erhalt der gegebenen Infrastruktur – da ist wenig Raum für eine Neuerung durch neue Initiativen. Da wir auch ein recht beliebiger Haufen junger Leute waren, die mal eben ohne jegliche Referenz den Konzertbetrieb erneuern wollten, war die Skepsis natürlich sehr groß. Wir mussten unseren Platz hart erkämpfen, wobei die zahlreichen Auszeichnungen (ECHO Klassik, red dot award etc.) freilich halfen.

Wer sind die Besucher des PODIUM Festivals? Sind es vor allem traditionelle Konzertbesucher oder sind es die von klassischen Konzertveranstalter so heiß begehrten jungen Leute?

Wir haben dieses Jahr ausführlich und wissenschaftlich unser Publikum befragt. Dabei kam heraus, dass wir ein in der Tat außergewöhnlich gemischtes Publikum haben. Zwar kommen die meisten wie erwartet aus höheren Bildungsschichten, aber wir erreichen nachweislich sehr viele Leute, die sonst sehr selten oder nie in klassische Konzerte gehen. Klar wurde dabei auch, dass es nicht das eine PODIUM-Publikum gibt, sondern sich die Zuhörerschaft je nach Format stark ändert. Das entspricht unserem Anspruch, ein vielseitiges und dennoch anspruchsvolles Formatspektrum anzubieten. In unserem Clubkonzert hatten wir einen Altersschnitt von 32 Jahren, was gemessen an der Kammermusik-Konkurrenz ein sensationell junges Publikum ist.

Woher kommen die Ideen für die neuen Programmformate? Gewinnst du die Ideen bei anderen Festivals im Ausland? Oder lässt du dich aus anderen Branchen inspirieren? Ich komme drauf, weil ihr beispielsweise ein Konzertprogramm mit dem Titel «Occupy!» habt.

Mein Job und meine Leidenschaft als «künstlerischer Leiter» ist es, über das Konzert als Rezeptionsform aber auch als sozialästhetischen Ort nachzudenken. Unsere Formate sind Produkt dieser Überlegungen, die dann durch unser transdisziplinäres Team verfeinert und verdichtet werden. Wenn einmal die Vorgebenheit des «klassisches Konzerts» in Frage gestellt wird, fallen einem sofort viele naheliegende und vielleicht viel spannendere Rezeptionssituationen für diese großartige Musik ein.

Ich habe ein Zitat von dir gefunden, wo du sagst: «Die klassische Musik ist gut so, wie sie ist, sie muss nur anders präsentiert wer-

den.» Aber bietet der Konzertsaal nicht ideale Aufführungsbedingungen für klassische Musik? In Bezug auf die Akustik, die Infrastruktur, die Ausstattung etc.

Nun, mich nervt das Gerede von der «Krise der klassischen Musik». Ich kann keine Krise in Schuberts Streichquintett erkennen. Ich höre auch nicht, dass Bachs h-moll Messe oder Bergs Violinkonzert plötzlich schwächelt. Die Musik ist da und sie ist großartig. Wir, die wir damit umgehen, die wir sie vermitteln, haben die Krise. Weil wir lange Zeit viel zu borniert und unglaublich phantasielos waren. Das ändert sich – Krise sei Dank – allmählich. Wir lösen jedenfalls nicht die Probleme, in dem wir versuchen, vergangene Bedingungen wieder herzustellen. Konzerthäuser sind wunderbar, sie gehören nur leider oft zu diesen vergangenen Bedingungen. Sie laufen Gefahr zu musealisieren. Und Museumsmusik interessiert mich nicht. Ich will erkunden, was Bach, Schubert und Berg (und alle anderen) uns heute und hier zu sagen haben. Wenn nötig – und es erscheint mir meistens so – müssen wir dafür hinaus aus dem Konzertsaal.

Du sprichst von der Gefahr des Musealisierens. Die historische Aufführungspraxis verfolgt allerdings den Ansatz, vergangene Bedingungen soweit das irgendwie möglich ist, wieder herzustellen und die Musik klingt oftmals frischer - wenn man so will heutiger und moderner - als je zuvor. Deswegen: Was ist schlecht am Museum als Kontext für Kunstwerke, die vor langer Zeit geschaffen wurden?

Die meines Erachtens richtig verstandene historische Aufführungspraxis handelt nicht von der Wiederherstellung vergangener Bedingungen, sondern ist kunstimmanent: das heißt, der Notentext, die Wissenschaft, vor allem aber die Sensibilität des musikalischen Ohres verlangen nach Differenzierung. Klar soll Bach nicht wie Brahms klingen. Ich bin ein großer Freund der historisch informierten Aufführung alter Musik, weil sich die Musik darin viel natürlicher und frischer entfaltet. Es geht mir also nicht um Fragen der musikalischen Interpretation (Ausführung), sondern die der Konzertkultur (Aufführung). Musik ist eine Zeitkunst - und als solche extrem an der Aufführung gebunden. Das Kunstwerk, überliefert durch Notentext, entsteht im Moment der Aufführung - sie ist dann nicht «klassisch», sondern extrem aktuell und momentan. Wenn wir in diesem Konzertmoment ein unnatürliches, museales, hermetisches Umfeld haben, dann entsteht eine Dissonanz zwischen dynamischer Kunst und künstlicher Umgebung, die der Kunstentfaltung überhaupt nicht gut tut. Zumal das Ironische ja ist, dass ein Großteil unserer «klassischen Musik» überhaupt nicht für den klassischen Konzertsaal geschrieben wurde. Vielleicht «funktioniert» zum Beispiel Bach im Club so gut, weil die Musik tatsächlich in ganz ähnlich intimen Lounge-Situationen erstmals gespielt und gehört wurde. Wir müssen uns keine Perücken aufziehen und Zeitreise spielen, um diese Musik wirken zu lassen. Wir müssen vor allem natürlich und selbstbewusst mit ihr umgehen, dann entfaltet sie sich von selbst im Hier und Jetzt.

Und wenn man an der Musik nichts ändern muss, wieso wird dann trotzdem auch ganz andere, neue Musik gemacht, wie indieclassical oder Blockflöten-Schlagzeug-Duo?

Die zwei genannten Beispiele sind einfach Strömungen neuer Kunstmusik, einmal wirre Experimentalbesetzung (Blockflöte-Schlagzeug) und einmal eine sehr spannende und erfolgreiche Aufführungs- und Kompositionskultur aus den USA (indie classical). Wir wollen beweisen, dass zeitgenössische Strömungen eben nicht in Neue-Musik-Ghettos (Darmstadt, Donaueschingen etc.) abgeschoben werden müssen, sondern tatsächlich ganz natürlich direkt neben Brahms und Haydn in einem informellen Rahmen platziert werden können – mit großem Erfolg.

Was sind für dich die Kriterien eines guten Konzertprogramms? Oder anders gefragt: Was muss ein Programm erfüllen, damit es eine Chance hat, beim PODIUM Festival aufgenommen zu werden?

Wir wollen mit jedem Konzert herausfordern und überraschen. Oft streben wir synästhetische Erlebnisse an. Die Erfahrung von Musik ist als wohl abstrakteste Kunstform enorm an Umstände gebunden; unser musikalisches Erlebnis hängt von vielen Parametern ab. Also: das Licht, der Ort, die Zeit, die Dramaturgie, die Bestuhlung, die Story, die Publikumszusammensetzung, die Kombination mit Wort oder Bewegung, die inneren Programmbeziehungen und viele mehr... Wir versuchen, all diese Parameter aktiv zu gestalten und mit ihnen ein «Gesamterlebnis

Konzert» zu schaffen, das in sich schlüssig und rund (oder auch eckig) ist - ähnlich wie ein Kurator eine Ausstellung gestaltet. Dabei stellen wir auch die üblichen, recht langweiligen Auf- und Abtritt- sowie Applaus-Rituale in Frage und inszenieren stattdessen die Konzertsituation. Wer also einfach nur Sonaten in beliebiger Kombination abliefern will, passt hier nicht hinein.

Wie kommt das Festivalprogramm insgesamt zustande?

In Absprache mit allen beteiligten Musikern entwerfe ich die Programme und Formate. Diese durchlaufen in unsere Teamsitzungen einen recht harten Realitätscheck, werden verfeinert oder ganz umgeschmissen. So entsteht das Gesamtprogramm, das den Anspruch hat, eine einzigartige Formatvielfalt für Kammermusik zu bieten.

Sind die Programme im Grunde nicht immer noch sehr im Modell des klassischen Konzerts verhaftet? Müsste das ganze Konzertwesen nicht viel radikaler auf den Kopf gestellt werden, zum Beispiel indem digitale Medien mit einbezogen werden, etwa durch Livestreams, Tweetups, Zuschauerbeteiligung bei der Programmplanung und der Berichterstattung und indem vor allem wirklich ganz neue klassische Musik geschrieben wird, die nicht nur in einer elitären Nische stattfindet?

Wer unsere Konzerte – vor allem in letzter Zeit – erlebt hat, weiß dass sie in ihrem Ablauf doch alles andere als «klassisch» sind. Dabei sind wir für den schmalen Grad, auf dem wir uns bewegen, sehr sensibilisiert. Noch schlimmer als die zahllosen, uninspirierten Klassikveranstaltungen in Beerdigungsstimmung finde ich die zunehmenden Versuche, eine Art «Klassik light» zu entwickeln. Diese Musik ist komplex und oft in ihrer Intensität anstrengend – anderes zu behaupten ist Etikettenschwindel, der die Musik verrät. Als Veranstalter müssen wir Situationen komponieren, in dem das Publikum sich wohlfühlt und wirklich hören kann. Erlangen wir Situationen dieser «Offenohrigkeit», so kann das Publikum fliegen lernen. Nur diesen ungeheuren «Aha-Momenten», die ein Zuhörer nur unter Aussetzung der vollen Wucht musikalischen Inhalte erlebt, verdanken wir unseren Erfolg – denn das Publikum sehnt sich danach. Wir müssen nach wie vor hoch zur Musik, und nicht die Musik hinunter zu uns.

Die Institution PODIUM ist durchsetzt von interaktiven und partizipativen Ansätzen. Wir sehen uns als ein Community Festival klassischer Musik, sind sehr Socia Media-affin und denken viel darüber nach, wie die Kulturinstitution 2.0 aussehen kann. Auch das Programm kann und soll zunehmend unter Mitwirkung der Community entstehen. Was das Konzerterlebnis selbst angeht, so empfinde ich es trotz aller Innovationen als sehr analog, es geht um die Musik und die Performance. Ich kann mir im Moment nicht vorstellen, dass ein twitter-livestream der Bach Partita etwas Erhellendes zufügen kann. Was nicht heißt, dass wir dergleichen nicht einmal probieren wollen.

Gibt es eine unternehmerische Vision für das Podium Festival? Wenn ja, wie sieht sie aus?

Wir sind gerade dabei, den gegenwärtigen Verein in eine operative Stiftung zu überführen. Dies wird die stabile, dauerhafte Basis, von der aus das «Projekt PODIUM» weitergeht. Daher der Businessplan. Das Esslinger PODIUM Festival bleibt das Flaggschiff, aber längst nicht die einzige Unternehmung. Unter anderem soll auch das große Thema Oper demnächst angegangen werden. Und nicht zuletzt wollen wir mit der PODIUM.Academy eine Plattform für den Wissens- und Kompetenztransfer aufbauen. Was hier beispielhaft entstand, soll an vielen Orten geschehen. Genau zu diesem Zweck entwickelt sich unser PODIUM.Network gerade mit Initiativen in Norwegen, Polen, Island und Österreich prima. PODIUM soll eine offene Ressource für die Kulturinnovation sein. Die unternehmerische Vision ist also zugleich die kulturelle Vision.

Wie siehst du die Entwicklung der Klassikszene insgesamt? Wagst du eine Prognose, wie die Konzertlandschaft in Deutschland sich in den nächsten fünf bis zehn Jahren ändern wird oder zumindest ändern sollte?

Ich bin der Überzeugung, dass wir notwendigerweise eine Pluralisierung des klassischen Konzertwesens erleben werden. Meine Hoffnung ist, dass diese sehr zu begrüßende Formatvielfalt nicht auf Kosten einer Qualitätsminderung vonstattengeht. Zu wünschen wäre also, dass viel mehr klassische Musiker sich unternehmerisch betätigen – also ihre ursprüngliche Funktion als

Musikermöglicher wahrnehmen – und sich nicht weiter nur auf die nicht gerade stabile Hochkultur-Infrastruktur ausruhen. Gemeinsam mit dem Kulturmanagement gibt es zahlreiche neue, viel versprechende Wege zu gehen. Ob man das nun gutheißt oder nicht: Wir werden wohl eine teilweise Privatisierung sowohl der Finanzierung als auch der Trägerschaft von klassischen Musikinstitutionen erleben. Ich hoffe sehr, dass die Kulturpolitik diesen Wandel aktiv mitgestalten will und notfalls bereit ist, dafür einige heilige Kühe, die auf gestrigen Kunstwiesen grasen, zu schlachten. Für uns Musiker bleibt weiterhin das große Glück, mit einer unglaublich vielseitigen und wertvollen Materie zu arbeiten. Wir haben also wahrlich kein «Produkt-Problem». Es kommt nur darauf an, was wir daraus machen...

Das Gespräch wurde im Oktober 2012 per E-Mail geführt.

*

Das PODIUM Festival Esslingen wurde 2009 von dem Cellisten Steven Walter ins Leben gerufen und findet seitdem jährlich statt. Ziel des Festivals ist es, zeitgemäße Aufführungskonzepte für klassische Musik zu entwickeln und umzusetzen. 2010 wurde die Arbeit des Festivals mit dem ECHO Klassik und dem red dot communication design award ausgezeichnet, 2011 wurde es beim Kulturmarken Award zur Trendmarke des Jahres gewählt. Das Festival ist als eingetragener Verein konstituiert und wird von einem jungen Team getragen, das ehrenamtlich arbeitet.

podiumfestival.de

Marketing
Anschlussfähigkeit schaffen

Zu den Grundüberzeugungen des Kulturmanagements gehört es, dass das Marketing der Produktion von Kultur nachgeordnet ist. Peter Bendixen etwa schreibt in seinem Lehrbuch-Klassiker *Einführung in das Kunst- und Kulturmanagement*, dass in einem klassischen Industriebetrieb der Verwertungsprozess mit der Analyse des Absatzmarktes und der Ermittlung der Kundenbedürfnisse beginne. Im Unterschied dazu gehe der Publikationsprozess im Kulturbereich vom vorhandenen Kunstwerk aus und «tastet den Markt nach Möglichkeiten ab, dieses kulturell und gegebenenfalls auch kommerziell erfolgreich in die Öffentlichkeit zu bringen» (Bendixen 2011, S. 199). Ausschlaggebend für das Marketing ist damit nicht das Kundenbedürfnis, sondern der Anspruch der Kunst auf Autonomie, die ihr durch öffentliche Finanzierung und abgeschottete Kuratierungsprozesse gesichert werden soll. Nach diesem Verständnis ist es die Aufgabe des Marketings, diese Ausgabe lohnenswert zu machen, indem möglichst viele Personen das kulturelle Angebot nutzen. Diese angebotsorientierte Auffassung, die Kulturmarketing, Kulturpolitik und Kulturfinanzierung lange dominiert hat, ist zunehmend in die Kritik geraten, insbesondere auch in dem Anfang 2012 erschienenen Buch *Der Kulturinfarkt* (Haselbach et al. 2012) oder in dem schon etwas älteren *Der exzellente Kulturbetrieb* (Klein 2007, S. 97ff.) u.a.

Das Unbehagen an diesem angebotsorientierten Ansatz soll jedoch nicht aufgelöst werden, indem Kunst und Kultur zukünftig nur noch am explizit geäußerten Kundenbedürfnis, also an der Nachfrage, orientiert wird. Idealerweise sollte sich die Programmierung weder ausschließlich von den bewussten Wünschen und Vorstellungen des potenziellen Publikums geleitet sein, noch allein aus einem «kuratorischen Elfenbeinturm» heraus vorgegeben werden. Das Marketing kann vielmehr im Sinne von Kulturvermittlung Kunst und Publikum zueinander führen, wo diese sich nicht von selbst finden.

Was das konkret heisst, zeigt das Beispiel des Ensembles Resonanz. Dieses Orchester hat sich programmatisch auf Neue Musik spezialisiert, die normalerweise als «Kassengift» gilt. Beim Ensemble Resonanz ist dieser programmatische Schwerpunkt zugleich Profil des Orchesters und bietet damit den zentralen Aufhänger für die Außendarstellung. Dazu kommt ein unternehmerischer Aspekt, der sich nicht nur darin niederschlägt, dass die Musiker in juristisch-ökonomischer Hinsicht eine Personengesellschaft bilden. Er zeigt sich auch im Umgang mit der Musik selbst: Während Kultureinrichtungen normalerweise bemüht sind, das Publikum an die (schwierige) Kunst heranzuführen, führt das Ensemble Resonanz auch die Kunst an das Publikum heran. Man trifft sich zusagen in der Mitte.

Tobias Rempe, Geschäftsführer des Ensemble Resonanz, spricht diesbezüglich von einer «Anschlussfähigkeit in viele verschiedene Richtungen», die das Ensemble besonders auszeichnet. Er schildert anhand einiger Beispiele, was mit dieser Anschlussfähigkeit genau gemeint ist.

Publikum. Nach Rempe sind es «Identifikationsangebote an unterschiedliche Publikumsschichten», die bedingen, dass das Publikum des Ensembles Resonanz nicht (nur) aus den traditionellen Konzertbesuchern besteht. «Es sind zum großen Teil sehr individuell ausgerichtete Persönlichkeiten, die sich sehr schwer über einen Kamm scheren lassen, die auch sehr ausgesuchte Musikgeschmäcker, Neigungen und Meinungen haben». Zwar bildet das klassische Bildungsbürgertum einen Großteil des Publikums, Rempe betont aber, dass das Ensemble Resonanz «ziemlich viel neugieriges jüngeres Publikum» habe – ein Publikum, das gerade Sinfonieorchester händeringend für sich gewinnen möchten.

Neue Orte. Dem Ensemble Resonanz ist dies bereits gelungen, u.a. weil es Konzerte und Konzertreihen auch an Orten veranstaltet, an denen man klassische Musik nicht erwartet. Rempe ist überzeugt, dass man sehr viel Publikum verpasst, wenn man sich allein auf den klassischen Konzertbetrieb beschränkt. Es geht aber nicht nur um das Marketingziel, neues Publikum erreichen zu wollen. Die Entscheidung, an einem ungewohnten Ort zu spielen, hat auch eine künstlerische Dimension, weil «der Fantasie weniger Grenzen gesetzt sind, wie man ein Konzert konzipieren kann.» (Vgl. hierzu auch das Interview mit Steven Walter, S. 36.)

Musikstile. Dies führt zu dem entscheidenden Aspekt der Anschlussfähigkeit, der nur wenigen anderen klassischen Kulturinstitutionen in authentischer Weise gelingt. Es ist die Anschlussfähigkeit zu anderen Kulturangeboten, auch solchen, die dem klassischen Kulturbetrieb nicht offenkundig nahe stehen. «Es ist entscheidend, (...) zu schauen, wo man Brücken schlagen kann. Das hat sich beim Ensemble Resonanz zum Beispiel in einer Zusammenarbeit mit Jimi Tenor niedergeschlagen, in unserer Zusammenarbeit mit der HipHop Academy Hamburg oder mit Etta Scollo, die sizilianische Chansons singt.» Die Gefahr ist groß, mit solchen Programmen den Eindruck oberflächlicher Anbiederung oder aggressiver Vermarktung zu erwecken. Dass dieser Eindruck beim Ensemble Resonanz nicht entsteht, dürfte mit der Identität von Künstlern und Unternehmern und der daraus resultierenden Authentizität zu tun haben.

Klassische Szene. Und er hängt damit zusammen, dass das Ensemble Resonanz aufgrund seiner «großen Kompetenz in der Neuen Musik, aber auch dem Anspruch, Alte Musik historisch informiert und auf hohem Niveau spielen zu können» hohes Ansehen in der Klassikwelt genießt. Da das Ensemble Resonanz keine Festanstellungsverhältnisse kennt, spielen die Musiker auch in anderen Projekten und sind gern gesehene Gäste in anderen Orchestern. Dieser Austausch bringt immer wieder neue Ideen in das Orchester und verhindert, dass durch den Blick über den Tellerrand des klassischen Konzertbetriebs die Anschlussfähigkeit an diese Welt verloren ginge (wie etwa bei dem Geiger David Garrett der Fall).

Fazit. Am Beispiel des Ensemble Resonanz zeigt sich, wie stark das künstlerische Profil und Entscheidungen zur Programmierung bereits mit dem Marketing zu tun haben. Marketing heißt hier nicht, dass ein Angebot auf einen expliziten Bedarf hin entwickelt wird, der durch Marktanalysen ermittelt würde wie bei herkömmlichen Dienstleistungen und Gütern. Aber die von Rempe erwähnte «Anschlussfähigkeit in viele verschiedene Richtungen» bedingt, dass Marketing und Programm nicht getrennt voneinander gedacht werden können wie in der traditionellen Auffassung und Praxis des Kulturmanagements, der das Unternehmerische fremd ist. Denn die Anschlussfähigkeit basiert ganz wesentlich auf der Aufgeschlossenheit der Musiker gegenüber anderen Genres, Stilen, Musikern und last but not least auch gegenüber einem Publikum, das mit den Traditionen des Konzertbetriebs wenig anfangen kann.

Interview mit Tobias Rempe
«Die sind korrekt!»

Das Ensemble Resonanz ist dafür bekannt, dass es nicht nur im Konzertsaal, sondern auch an anderen Spielorten Konzerte veranstaltet. Eigentlich hat ein Konzertsaal ja eine gute Infrastruktur: Es ist ein Flügel vorhanden, es sind Künstlergarderoben da, die Akustik ist gut. Warum geht man dann an Plätze, wo das nicht vorhanden ist und dadurch auch Mehrarbeit entsteht?

Mehrarbeit und manchmal auch mehr Kosten. Wir haben auch schon an Orten gespielt, wo wir alles selbst mitbringen mussten, also sogar die Besuchertoilette selbst aufgestellt haben. Warum macht man das? Letztlich basiert das vor allem auch auf dem Gedanken, dass man viel Publikum verpasst aufgrund der sehr festgefahrenen und sehr wenig reformierten Präsentationsform des klassischen Konzerts. Das hat mit Ritualen zu tun, mit Produktionsweisen, mit der Erscheinungsform des Orchesters. Es hat auch mit dem klassischen Konzertsaal als Veranstaltungsort zu tun. Der hat eine bestimmte Atmosphäre, ein mehr oder weniger definiertes Publikum, das dort hingeht und sich dort wohlfühlt. In Hamburg liegt er zudem in einem Stadtteil, wo abends sonst nicht viel los ist. Das sind alles Überlegungen, die einen relativ schnell dahinbringen, auch mal an anderen Orten zu spielen, gerade wenn man auch ein junges und neues Publikum ansprechen möchte. Das geht leichter an Orten, die anders liegen und die einen Kontrast, vielleicht eine kleine Sensation mitliefern.

Wobei die Sensation ja ein Effekt ist, der sich auf Dauer abnutzen dürfte, wenn das immer mehr Veranstalter machen.

Stimmt, das ist ja auch jetzt schon der Fall, weil es fast schon Standard geworden ist. Mittlerweile hat man den Eindruck, jedes Festival, jeder Veranstalter müsste mindestens einmal in einer Saison in einem Umspannwerk oder einer alten Fabrikhalle spielen, sonst gehörte man wirklich zum alten Eisen.

Es hat ja einen bestimmten Grund, warum dieses Konzertsaalsetting so zustande gekommen ist. Meiner Meinung kann man Inhalt und Form nicht einfach voneinander trennen. Viele Werke brauchen die akustischen und räumlichen Voraussetzungen eines Konzertsaals, wenn sie adäquat aufgeführt werden sollen. Wie sind da deine Erfahrungen?

Das ist richtig. Nicht alles funktioniert überall, man muss sorgfältig abwägen. Dadurch, dass wir von außen auch damit identifiziert werden, dass wir an ungewöhnlichen Orten spielen, sind wir mittlerweile bereits häufig in der Situation, Vorschläge von außen abzulehnen. Manchmal sind die Anfragenden dann ganz erstaunt. Aber es kommt nichts Gutes dabei heraus, wenn die Akustik und der Rahmen nicht stimmen, weil man vielleicht nicht die nötige Konzentration oder Kontemplation des Publikums herstellen kann. Da ist der klassische Konzertsaal aufgrund der akustischen Gegebenheiten doch sehr häufig wieder die erste Wahl. Es ist ja auch etwas Schönes, dass sich dort Menschen zum gemeinsamen Hören versammeln.

Das Ensemble Resonanz macht sehr viel Neue Musik. Das ist auch oftmals Musik, die eine besondere Konzentration erfordert. Es sei vielleicht denn, sie ist von vornherein als Nebenbeimusik konzipiert worden.

Deswegen ist es immer eine sehr spezielle, auf den individuellen Fall zugeschnittene Entscheidung, was wir machen. Aber Konzentration kann auch unter Bedingungen möglich sein, die man auf den ersten Blick nicht als ideal betrachten würde. Mit unserer noch relativ jungen Reihe «urban string» spielen wir im Kulturhaus III&70 im Schanzenviertel, wo man an einem Freitag oder Samstag mit einer Geräuschkulisse von Partygängern rechnen muss. Wir haben dort mal Musik von Cage und Bach gespielt und man hat im Hintergrund auch den Partylärm von draußen gehört. Das hat aber auf seine eigene Art wieder funktioniert, weil es plötzlich durch den Kontrast wunderschön wurde, dass mitten in diesem aufgeheizten Viertel eine Konzentrationsblase entstand. Alle 120 Besucher waren total konzentriert und haben nur noch das Streichquartett gehört.

Woher stammen denn die Ideen für solche Konzertformate?

Häufig sind es Ideen aus dem Ensemble oder Ideen, die das Ensemble und ich im Gespräch gemeinsam entwickeln. Manchmal sind es Ideen, die von außen an uns herangetragen werden.

Die werden dann im Gespräch mit allen Beteiligten weiterentwickelt.

Passiert es, dass du irgendwo bist, auf einer Party oder Feier, und dann denkst: In diesem Raum wäre es spannend, mal ein Konzert zu machen?

Besondere Orte inspirieren einen manchmal zu einem bestimmten Programm. Meistens ist es aber so, dass man eine bestimmte Idee zu einer Musik oder Kombination von Musik hat und sich dann überlegt, in welchem Raum das gut funktionieren würde. Zum Beispiel haben wir unsere Konzertreihe «Resonanzen», die normalerweise in der Laeiszhalle stattfindet. Bei bestimmten Programmen sagen wir aber: Das ist eigentlich besser in der Fabrik in Altona aufgehoben, in einer Kirche oder auf Kampnagel.

In diesem Zusammenhang ist es für mich eine interessante Frage, inwieweit sich die klassische Kultur auch inhaltlich erneuern kann. Du hast gesagt, der Sensationswert von neuen Orten wird verpuffen. Braucht es dann nicht schlussendlich eine inhaltliche Weiterentwicklung der Musik? Also nicht nur eine Öffnung gegenüber neuem Publikum durch die Wahl neuer Orte, sondern auch eine Öffnung gegenüber anderen Musikstilen?

Ja klar. Es macht Spaß, auch dafür offen zu sein und zu schauen, wo man Brücken schlagen kann. Das hat sich beim Ensemble Resonanz zum Beispiel in einer Zusammenarbeit mit Jimi Tenor nieder geschlagen, in unserer Zusammenarbeit mit der HipHop Academy Hamburg oder mit Etta Scollo, die sizilianische Chansons singt. Diese Offenheit gehört einfach zur Grundidee des Ensembles, und sie sorgt auch für immer neue Inspiration. Das ist das Kapital, aus dem wir auch unseren Erfolg mit der Reihe im Schanzenviertel speisen. Unsere Musiker haben dafür auch eine bestimmte Glaubwürdigkeit, die in der Form – so glaube ich – wenige andere Ensemble aufweisen können. Ich habe das selbst mal erlebt in meinem Fußballverein. Da spielen auch einige Kreative, DJs und Musikproduzenten. Als ich da neu dazu kam fragten die: «Machst du auch etwas mit Musik?» – «Ja», sagte ich. «Ich bin Manager eines klassischen Orchesters». «Aha», kam es mit skeptischer Miene zurück. «Welches denn?» Als ich sagte «Ensemble Resonanz», hellten sich die Gesichter auf und einer sagte: «Die sind korrekt!» Vielleicht ist es das, was es uns auch leichter gemacht hat, urban string so schnell zu etablieren.

Du hast vorhin angesprochen, dass die Konzerte an neuen Spielorten mitunter auch finanziell aufwändiger sind. Das ist ja gerade unter der Frage des Unternehmertums interessant, denn es muss sich ja am Schluss bezahlt machen. Ist die Idee, durch neue Spielorte auch neue Einnahmequellen zu erschließen oder steht dahinter eher der Ansatz, neues Publikum anzusprechen, dass mittelfristig auch ein normales Abo in der Laeiszhalle kauft, weil sie gesehen haben, dass ihnen gefällt, was das Ensemble Resonanz macht?

Ich bin mir nicht sicher, wie gut dieser Transfer wirklich funktioniert, wenn man das Ganze musikvermittlerisch versteht. Wenn man klassische Musik an anderen Orten und auf eine andere Art und Weise präsentiert, dann ist das ein bestimmtes Angebot, das man einem bestimmten Publikum macht und das für sich steht. Das ist dann kein «Trick» und keine Vermittlungsidee, um am Schluss wieder im normalen Konzertsaal zu landen. Ich glaube, dass die Möglichkeiten größer werden, dadurch dass man das Konzertsetting aufbricht, dass der Fantasie weniger Grenzen gesetzt sind, wie man ein Konzert konzipieren kann. Und das ist dann auch gut, um ein größeres Publikum zu erreichen.

Aber das muss ja heißen, zumindest langfristig, dass der Aufwand, der durch die neuen Spielorte entsteht, auch wieder gedeckt sein muss. Da kann man dann ja keine Querfinanzierung betreiben, so wie man es könnte, wenn man es als Vermittlungsprojekt begreifen würde.

Es ist ja auch nicht grundsätzlich so, dass höhere Kosten entstehen. Zum Beispiel kann man in Hamburg viele alternative Orte günstiger mieten als den großen Saal der Laeiszhalle. Man hat zwar etwas weniger Komfort für die Künstler, aber da muss man ja nicht gleich zusätzlich einen Container für Garderoben anmieten. Vielleicht fallen mal höhere Kosten an, aber da kann man vielleicht wegen der erhöhten Aufmerksamkeit auch zusätzliche Sponsoren im Boot haben. Bei der Suche nach Sponsoren und Partnern hat man mit einer fantasievoll und breit aufgestellten Präsentation der Konzerte, die mit anderen Orten und Methoden arbeitet, mehr Chancen. Und man wird langfristig auch an der Kasse bessere Chancen haben, weil man mehr Publikum erreicht, als wenn man bei dem bleibt, was lange Standard war.

Was sind vor diesem Hintergrund die Anforderungen an das Management-Team? Braucht es mehr Improvisationstalent, mehr Kreativität? Achtest du darauf, dass die ganze Organisation darauf eingestellt ist und wenn ja, worauf achtest du speziell?

Wir haben ein junges Team, das auf solche Herausforderungen flexibel reagiert. Da wir solche Spielorte recht häufig haben, gehört es auch zum Arbeitsalltag, auf Dinge zu achten, die in der Kölner Philharmonie oder in der Laeiszhalle kein Thema sind. Aber häufig ist der Unterschied gar nicht so groß. Oder es ergibt sich schon früh in der Entwicklung eines Projekts. Das spielt sich dann schnell in die Arbeitsabläufe ein, dass man das mitbedenkt, ob bestimmte Sachen gegeben sind. Wir können da vor allem dankbar sein, dass das ganze Ensemble ein eigenes Interesse an dieser Art von Veranstaltungen hat und auch mal weniger Komfort auf Künstlerseite in Kauf nimmt.

Gut, das ist aber sicher von Anfang an klar, wenn man Mitglied wird. Das muss man dann wollen und auch mögen.

Ja. Und man muss es auch ausfüllen. Das ist das, was mir an dieser offenen Art der Projektentwicklung am meisten Spaß macht: dass man ein Format oder eine ganze Konzertreihe mit einer ganz eigenen Persönlichkeit und Atmosphäre neu ausfüllen kann. Wie zum Beispiel unsere Konzertreihe im Kulturhaus III&70. Dass das so gut funktioniert ist nicht allein auf die konzeptionelle Planung zurückzuführen, sondern aus der Persönlichkeit der Musiker zu erklären, die die Konzerte spielen. Das war auch die ursprüngliche Idee, dass wir dort Konzerte machen wollen, als klassisches Orchester so persönlich authentisch und familiär wie möglich auf die Bühne gehen, mit dem Publikum reden wollen, aber letztlich dasselbe Programm spielen wie in der Laeiszhalle. Die Musiker stellen Musik vor, die ihnen selbst sehr am Herzen liegt. Es gibt vielleicht noch ein Lichtkonzept und man kann während des Konzerts ein Bier in der Hand halten. Aber was diese Konzerte am Ende ausmacht ist, dass eine persönliche Atmosphäre herrscht. Die Konzerte sind immer voll, obwohl wir fast keine Werbung machen. Das macht wirklich Spaß, wenn so etwas entsteht.

Zu einem ganz anderen Thema: Wie findet die Auswahl der Orchestermusiker statt? Ich habe kürzlich mit Meret Lüthi über das Barockorchester Les Passions de l'Ame gesprochen (s. S. 23), die keine Probespiele machen. Lüthi sagt, es muss auch auf der persönlichen Ebene passen und das findet man in einem Probespiel nicht heraus. Wie haltet ihr das beim Ensemble Resonanz?

Wenn es ausschließlich das Probespiel wäre, dann würde ich das auch so sehen. Es ist bei uns so, dass eine Ausschreibung und ein Probespiel am Anfang des Auswahlprozesses stehen. Da muss jeder durch. Aber das Probespiel ist auch nicht ein ganz normales Probespiel. Es wird schon auch das obligatorische Mozart-Violinkonzert bei einem Geiger abgefragt, aber es gibt auch einen recht großen Anteil an Orchesterstellen; außerdem spielen die Kandidaten Kammermusik mit den Musikern des Ensembles zusammen. Auf das Probespiel folgt ein Probejahr. Es gibt damit einen insgesamt einjährigen Prozess, in dem man aufeinander zugeht, bevor dann beiderseitig die Entscheidung ansteht: Ja, wir wollen zusammenarbeiten oder eben nicht. Denn sowohl musikalisch als auch menschlich muss man sich über einen längeren Zeitraum genau kennenlernen. Dazu gehört auch, dass man in verschiedenen Gremien des Ensembles mitarbeitet.

Das ist aber letztlich schon der klassische Prozess. Denn auch im Sinfonieorchester gibt es ja ein Probejahr.

Ja, das stimmt. Im Groben ist es der klassische Prozess, ich denke nur, dass er bei uns viel intensiver ist. Schon das Probespiel ist vielleicht intensiver mit so vielen verschiedenen Anforderungen, wie auch das Probejahr. Es ist nicht das Prinzip: Die Entscheidung ist gefallen, jetzt gilt es nur noch heil durch das Probejahr zu kommen. Es ist ein Prozess mit einem sehr intensiven Kennenlernen.

Wenn man es dann ins Orchester geschafft hat. Wie sieht dort die Zusammenarbeit aus? Wie läuft die Bezahlung der Musiker?

Die Musiker sind ein Unternehmerkollektiv und bilden zusammen eine Personengesellschaft, an deren Gewinn sie beteiligt sind. Natürlich muss man das in bestimmten Sätzen pro Konzert und pro Probe umlegen und definieren, wer wie daran beteiligt wird. Deswegen gibt es Probensätze und Konzertsätze, aber es gibt keine monatlichen Pauschalen oder Honorare.

Das heißt sicher, dass die Musiker neben der Arbeit im Ensemble Resonanz auch weitere Projekte und Tätigkeiten haben. Kommen von dort dann auch viele Anregungen?

Die Musiker haben als Unternehmer untereinander die Vereinbarung, dass das Ensemble Resonanz an erster Stelle ihrer beruflichen Tätigkeiten steht. Darüber hinaus hat jeder weitere Arbeit- oder Auftraggeber. Die sind sehr unterschiedlich und dadurch kommt wirklich sehr viel Input, der für das Ensemble wichtig ist. Gerade für die Art, wie das Ensemble aufgestellt ist, mit einer großen Kompetenz in der Neuen Musik, aber auch dem Anspruch, Alte Musik historisch informiert und auf hohem Niveau spielen zu können. Da kommt es dem Ensemble sehr zu Gute, dass Mitglieder sowohl in den einschlägigen Neue-Musik-Ensembles wie Musikfabrik NRW oder Ensemble Modern, aber auch bei Anima Aeterna, beim Freiburger Barockorchester oder der Akademie für Alte Musik Berlin immer wieder zu Gast sind.

Nochmal Themenwechsel. Gibt es Erkenntnisse darüber, wie euer Publikum zusammengesetzt ist?

Wir haben mal eine Besucherbefragung im Rahmen unserer Reihe in der Laeiszhalle gemacht, wo wir, kurz zusammengefasst, bescheinigt bekommen haben, wie heterogen und vielschichtig unser Publikum ist. Das war das Ergebnis, das wir auch erwartet hatten. Wir haben darüber hinaus aber keine empirischen Daten oder Analysen.

Und was heißt heterogen? Heterogen in Bezug auf das Alter, Bildung, Einkommen?

Es ist auf jeden Fall heterogen in Bezug auf Alter und Einkommen. Man kann sagen, wir haben einen großen Anteil des klassischen Bildungsbürgertums, dann haben wir ziemlich viel neugieriges, jüngeres Publikum. Aber nicht nur. Es gibt auch einige sehr individuelle ältere Persönlichkeiten in unserem Publikum, die eher wenig in andere Konzerte gehen. Die sich eindeutig zum Ensemble Resonanz bekennen als ihrem klassischen Anlaufpunkt.

Und weisst du, welche Musik eure Besucher sonst noch hören? Vielleicht nicht unbedingt aus Befragungen, aber aus Gesprächen?

Nach dem, was wir aus persönlichen Gesprächen wissen, sind das zum großen Teil sehr individuell ausgerichtete Persönlichkeiten, die sich sehr schwer über einen Kamm scheren lassen, die auch sehr ausgesuchte Musikgeschmäcker, Neigungen und Meinungen haben.

Also das sind Leute, die sich sehr bewusst mit Musik auseinandersetzen. Nicht Leute, die sagen: Ensemble Resonanz, klingt spannend, guck ich mir mal an.

Nein, es sind meist Personen, die sich sehr bewusst für den Besuch beim Ensemble Resonanz entscheiden. Und – das ist auch eine verlässliche Beobachtung – es sind Menschen, die sehr treu sind. Es gibt einen großen Anteil Stammpublikum. Unser Publikum wächst langsam aber stetig. Und die, die zwei, drei Mal da waren, die kommen dann auch immer wieder. Auch bei unserer Reihe im Kulturhaus III&70 lässt es sich so an. Da bildet sich auch eine feste Zuhörerschaft heraus.

Zum Abschluss würde mich noch deine Einschätzung interessieren, wie sich das Ensemble Resonanz speziell, aber auch der klassische Konzertbetrieb weiter entwickeln werden?

Wir werden unsere Projekte so weiterführen wie bisher auch. Ich denke, unser besonderes Merkmal ist eine besondere Anschlussfähigkeit in viele verschiedene Richtungen. Dadurch können wir Identifikationsangebote an viele verschiedene Publikumsschichten machen, auch an welche, die sonst wenig mit Konzerten in der Laeiszhalle anfangen können. Das ist eine Kompetenz, die wir noch weiter ausbauen wollen und die unser Profil weiter schärfen wird. Da haben wir noch viele Ideen, da können wir uns noch viel vorstellen, wie man in einer unprätentiösen und selbstverständlichen, authentischen Art auf neues Publikum zugehen kann. Was wir glaube ich besonders gut können.

Insgesamt denke ich, dass der Konzertbetrieb von diesen neu gewonnenen Möglichkeiten in Bezug auf Orte und Formate immer mehr geprägt sein wird und vielseitiger wird. Gleichzeitig wird das, was ein klassischer Konzertsaal den anderen Orten an Akustik, Aura, Möglichkeiten des kollektiven konzentrierten

Hörens, aber auch an Glamour und Exklusivität voraus hat, bleiben.

Das Gespräch wurde im Juli 2012 in Hamburg geführt.

*

Das Ensemble Resonanz spannt den Bogen von Tradition zu Gegenwart und steht für innovative und lebendige Programme zwischen alter und neuer Musik. Es widmet sich der Entwicklung neuen Streicherrepertoires und lässt Werke der Komponisten von heute in immer neuen Bezügen auf frisch interpretierte Meisterwerke verschiedener Jahrhunderte treffen. So bildet das Ensemble die Schnittstelle zwischen Kammerorchester und Solistenensemble und ist auf den Bühnen der führenden europäischen Konzerthäuser ebenso vertreten wie auf Festivals für Neue Musik. Statt mit einem festen Dirigenten arbeiten die demokratisch organisierten Musiker mit herausragenden Instrumentalisten als Artists in Residence zusammen: Von 2010-2013 war dies der Cellist Jean-Guihen Queyras, seit 2013 führt Tabea Zimmermann die Residency beim Ensemble Resonanz mit zahlreichen gemeinsamen Einstudierungen und Konzerten fort.

In Hamburg hat das Streichorchester als Ensemble in Residence der Laeiszhalle Hamburg mit großem Erfolg die Konzertreihe «Resonanzen» etabliert. Innovative Musikvermittlungsprojekte und alternative Konzertformen wie die «Ankerangebote» und die Konzertreihe «urban string» verwurzeln das Ensemble und seine Musik im urbanen Leben. Im Oktober 2014 eröffnete das Ensemble im Bunker an der Feldstraße den »resonanzraum«: einen neuen Veranstaltungsort für Klassik und Clubkultur, der der Vision einer urbanen Klassik Raum zur Entfaltung und dem Ensemble eine Heimat gibt.

ensembleresonanz.de

Public Relations
Keine Berührungsängste

Das Kulturmarketing ist seit Jahren auf der Suche nach der Zauberformel, mit der neues Publikum gefunden, angesprochen und gebunden werden kann. Die schlichteren Konzepte übernehmen ohne allzu großen Reflexionsaufwand die Modelle aus der Betriebswirtschaftslehre: Da ist dann von Kundenbindung, Markenprofil und -strategien, Nutzenversprechen, Kundenbedürfnissen und ähnlichem die Rede. Etwas spezifischer auf die Situation von Kultureinrichtungen gemünzt, wird von Audience Development, Vermittlung und Outreach-Programmen gesprochen. Aber auch die spezifischeren Konzepte umschiffen in der Regel ein grundlegendes Problem, das ihrem Erfolg im Wege steht.

Das Selbstverständnis vieler Einrichtungen, kulturelles Erbe zu sammeln, zu bewahren und vor allem aufzubereiten und zu interpretieren, beinhaltet den Anspruch auf Deutungshoheit. Damit entsteht zwangsläufig ein Gefälle zwischen Interpret und Rezipient. In der heutigen freiheitlichen, individualistischen Gesellschaft, die diese Kunst zwar rezipiert, aber in der Regel nicht hervorgebracht hat, fällt dieser Anspruch auf Deutungshoheit immer mehr aus der Zeit. Dazu kommt, dass die Kommunikationsmechanos der sozialen Medien solche Deutungsansprüche unterlaufen und dadurch schleichend auch den inhaltlichen Zugang zu und Umgang mit Kunst und Kultur ändern.

Aus diesem Grund wird an dem Umgang mit Social Media besonders sinnfällig, wo die Probleme heutiger Kultur-PR liegen. Social Media scheint viele Gewissheiten des Kulturmanagements in Frage zu stellen: An die Stelle der Eingebung des genialen Künstlers treten Sampling und Mashup, die Bereitschaft, sich auch auf Sperriges einzulassen scheint einer unverbindlichen Häppchenkultur weichen zu müssen, an die Stelle von Konzentration und Kontemplation scheint die Zerstreuung durch Informationsflut auf allen Kanälen zu treten. Solange diese Entwicklung als bedrohlich angesehen wird, bleibt auch die Frage müßig, was Social Media den Kultureinrichtungen eigentlich bringen könne. Wer jedoch nach Beispielen sucht, wie die neuen Möglichkeiten kreativ genutzt werden können, wird einmal mehr bei jungen Kulturunternehmern fündig: Die niederländische Pianistin Daria van den Bercken zeigt mit ihrem Projekt *Handel at the piano*, wie zeitgemäße Kultur-PR aussehen kann, indem sie Social Media nicht nur beispielhaft einsetzt, sondern deren Kommunikationskultur auch im nicht digitalen Leben praktiziert. Die Künstlerin hatte es in ihrem Heimatland bereits zu einigem Ruhm gebracht durch regelmäßige Auftritte als Solistin mit nationalen Orchestern (u.a. beim Rotterdams Philharmonisch unter Yannick Nézet-Séguin) und durch einige renommierte nationale Kunstpreise. Außerhalb Hollands allerdings war Daria van den Bercken kaum bekannt. Das änderte sich, als sie anfing, einige spektakuläre Aktionen auf Video festzuhalten und im Social Web zu verbreiten.

Beim Grachtenfestival 2011 etwa fuhr van den Bercken Klavier spielend auf einem Anhänger durch die Straßen Amsterdams.[2] Das Video zeigt nicht nur die Pianistin, die unter erschwerten Bedingungen Händel-Musik aufführt, sondern vor allem auch die erstaunten, amüsierten und erfreuten Gesichter der Passanten. Ein anderes Video zeigt, wie sie Passanten auf der Straße anspricht und zu einem Hauskonzert in ihr Wohnzimmer einlädt.[3] Wieder ein anderes Video zeigt van den Bercken, wie sie Passanten auf der Straße Musik über Kopfhörer vorspielt und diese dann zu ihren Eindrücken befragt.[4]

Kommunikation als Dialog. Van den Bercken führt mit ihren Aktionen und Videos ein Prinzip vor, das zwar nicht zwingend an Social Media gebunden ist, aber einem Kommunikationsmodus entspricht, den Social Media technologisch vorgibt: Kommunikation nicht als Monolog wie in der Werbung, sondern als Dialog. Echte Nähe und echter Austausch zum Publikum ist erwünscht: «Händels Musik ist für die Aufführung im kleinen, häuslichen Rahmen geschrieben worden – insofern liegt es auf der Hand, seine Musik in der eigenen Wohnung aufzuführen.» Während

---

2 «Handel hits the road» (Grachtenfestival): http://vimeo.com/41363322
3 «Handel at home»: http://vimeo.com/36918386
4 «A state of wonder»: http://www.youtube.com/watch?v=0PzPk3K_iW4

klassische Einrichtungen in aller Regel versuchen, die Distanz zum Publikum zu kontrollieren, und damit auch die Reaktionen und das Feedback (z.b. durch Applaus-Rituale, durch Sprachregelungen oder durch Gebäude, die zwischen Zuschauer- und Künstlerbereich strikt trennen etc.), sucht van den Bercken gezielt die direkte Begegnung und Interaktion.

Redaktionell fundiert. Auch wenn die Webclips das Ziel haben, die künstlerische Arbeit van den Berckens in ein sympathisches Licht zu rücken, sind diese viel weniger Werbung als redaktionell fundierte Kommunikation oder anders gesagt: Sie sind Content Marketing. Van den Berckens Filme funktionieren auch deswegen so gut, weil sie eine kleine Geschichte erzählen und einer Dramaturgie folgen: So sieht man im Clip vom Grachtenfestival zunächst etwa nur erstaunte Passanten und hört Klaviermusik, erst später wird aufgelöst, was das Erstaunen auf die Gesichter der Passanten bringt: nämlich die auf einem Anhänger sitzende Pianistin. Auch wenn sich über Social Media potenziell sehr viele Menschen erreichen lassen, funktioniert die Kommunikation nicht nach dem Prinzip der Massenmedien, sondern nach dem des persönlichen Gesprächs. So wundert es auch nicht, wenn es van den Bercken wichtig ist, zu wissen, was ihr Publikum denkt: «Social Media kann einem da einen sehr direkten Eindruck geben, der ähnlich direkt ist, wie das persönliche Gespräch.»

Klasse statt Masse. Damit einher geht auch die Erkenntnis, dass es mehr die Klasse denn die Masse ist, die über den Erfolg solcher Art PR entscheidet. Daria van den Bercken hat ca. 630 Facebook-Fans und ca. 500 Twitter-Follower. Die erwähnten Videos wurden ca. 40.000 Mal aufgerufen (Stand November 2014). Das ist nicht wenig, aber auch nicht rekordverdächtig viel. Trotzdem ist van den Bercken in der internationalen Klassikszene durch die Videos schnell bekannt geworden und hat sich profilieren können. Anders als in der klassischen Werbung, wo in Tausenderkontakten gemessen wird, funktioniert das Social Web nach dem Prinzip eines persönlichen Netzwerks: Entscheidend ist nicht, wie viele Kontakte man hat, sondern welche.

Idee schlägt Budget. Daria van den Bercken zeigt auch, dass bei effektiver Kulturkommunikation die Idee mehr zählt, als das Budget. Wer im Social Web etwas erreichen möchte, braucht in erster Linie ein gutes Konzept. So wundert es nicht, wenn van den Bercken sagt: «Tatsächlich haben wir so etwas wie einen Businessplan gemacht, wo wir überlegt haben, wie wir über Crowdfunding, Stiftungen und Förderstellen Geld für die Filme und die CD-Einspielung bekommen, die ich gemacht habe. (...) Mir ist wichtig, so ein Projekt professionell anzugehen.» Die Filme bezeugen diesen Anspruch: Von der Idee über die Ausführung bis hin zur Verbreitung ist alles sehr zielgerichtet und durchdacht, wirkt zugleich aber so authentisch und frisch, wie es eine Agentur kaum hätte realisieren können. Van den Berckens Beispiel zeigt damit, dass ein solcher Auftritt weder umsonst zu haben ist, noch von Praktikanten geleistet werden kann. Van den Bercken arbeitet mit einem professionellen Filmteam, das die kleinen Trailer erstellt. Das Geld, das nötig war, um diese Trailer zu realisieren, beschaffte sie über eine Crowdfunding-Kampagne auf der niederländischen Plattform www.voordekunst.nl.

Fazit. Daria van den Bercken zeigt, dass Kultur-PR davon profitieren kann, sich an den Kommunikationsprinzipien des Social Web zu orientieren, auch wenn die Kommunikation offline stattfindet. An die Stelle der Künstlerverehrung tritt der persönliche, authentische Austausch mit dem (potenziellen) Publikum. Die Antwort auf die Frage nach der Zukunft der Kultureinrichtungen wird wahrscheinlich sehr viel damit zu tun haben, inwieweit es nicht nur einzelnen Künstlern, sondern ganzen Kultureinrichtungen gelingt, solche Publikumsbeziehungen aufzubauen und zu gestalten.

Interview mit Daria van den Bercken
Liebe auf den ersten Ton

Du bist einerseits eine Konzertpianistin, die eine klassische Bilderbuchkarriere hingelegt hat: Du trittst in Konzerthallen auf, als Solistin mit Orchestern und spielst dabei das große bekannte Repertoire, hast Preise gewonnen und hervorragende Kritiken erhalten. Andererseits machst du auch Dinge, die man von einer klassischen Pianistin nicht erwartet. Momentan fokussierst du dich in deiner künstlerischen Arbeit auf Händel. Nicht gerade einer der einschlägigen Klavierkomponisten...

Ich habe die Klaviermusik von Händel eher zufällig entdeckt. Ich war krank, habe im Internet gestöbert und bin auf die Noten gestoßen. Als ich es gespielt habe, hat es mich gleich total angesprochen. Es ist bis heute so, dass es sich für mich anfühlt, als würde ich diese Musik zum ersten Mal spielen. Da ist eine unglaubliche direkte emotionale Wirkung. Das war es auch, was mich gleich gefangen genommen hat: Ich spielte zuerst ein sehr ruhiges, melancholisches Stück und direkt danach ein schnelles, sehr energiegeladenes Stück. Damit hatte ich innerhalb weniger Minuten die ganze Bandbreite der Emotionen aufgespannt, die diese Musik bietet. Das hat mich sehr fasziniert und ich habe mich gefragt, warum die Werke so wenig gespielt werden. Daraus entstand die Idee für das Projekt *Handel at the piano* und meine intensive Auseinandersetzung mit der Musik. Es ist die Musik, die ich momentan besonders gern spiele und ich hoffe, dass meine Zuhörer merken, wie viel mir diese Musik bedeutet.

Etwas anderes, das dich von anderen Pianisten unterscheidet ist die Art und Weise, wie du deine Kunst im Web publizierst. Es gibt einige Videos von dir, wie du spektakuläre Aufführungen machst: während dem Grachtenfestival in Amsterdam auf einem Anhänger durch die Straßen fahrend, im Club, auf einem Kran hoch über den Straßen Sao Paulos, ein Hauskonzert in deiner Wohnung mit einem Publikum, das du auf der Straße angesprochen und eingeladen hast. Was ist die Idee dahinter?

Ich denke, solche Aktionen sind ein gutes Mittel, um auch Leute anzusprechen, die nicht unbedingt in den Konzertsaal kommen. Händels Musik ist für die Aufführung im kleinen, häuslichen Rahmen geschrieben worden – insofern liegt es auf der Hand, seine Musik in der eigenen Wohnung aufzuführen. Außerdem wollte ich die Musik gern mit Video verbinden. Das ist natürlich auch ein Mittel, um Aufmerksamkeit zu erzeugen.

Was reizt dich daran, Musik auf diese Weise aufzuführen. Ich stelle mir das recht unkomfortabel vor auf einem fahrenden Anhänger zu spielen der ruckelt, dazu die Nebengeräusche. Hat die Konzerthalle da nicht einige Vorteile?

Es ist einfach etwas ganz anderes, das kann man nicht miteinander vergleichen. Normalerweise spiele ich ja auch im Konzertsaal und dort hört man konzentriert zu. Aber Händel in einem vollen Club zu spielen, nachdem vorher eine echt laute Bigband aufgetreten ist und dann auf einem schlechten Klavier – das hat seinen eigenen Charme und war ein guter Effekt. Auch die überraschten Gesichtsausdrücke beim Grachtenfestival, wie man sie in dem Film sehen kann, die kann man im Konzertsaal nicht erzeugen. Und es kommen Leute mit Händels Musik in Berührung, die sich solche Musik sonst nie anhören. Hier bleiben sie stehen und hören zu und es gefällt ihnen.

Welche Webdienste nutzt du, um dein Projekt «Händel at the piano» zu verbreiten?

tumblr ist sehr wichtig, meine Website basiert auf diesem Dienst. Ich habe mich dafür entschieden, einerseits weil er gerade sehr in ist und viele kunstaffine Leute ihn benutzen. Außerdem ist die Bedienung sehr einfach und man kann ihn gut mit anderen Social Networks verknüpfen. Für vimeo, wo meine Videos gespeichert sind, gilt das ähnlich. Es ist ästhetischer und ansprechender als Youtube, obwohl man mich dort natürlich auch findet. Zu Twitter dagegen musste ich mich zuerst zwingen. Ich wusste zuerst nicht, was das soll, mit der Begrenzung auf 140 Zeichen. Mittlerweile sehe ich schon auch, dass man darüber viele Menschen erreicht und sich in kurzer und knapper Form austauschen kann.

Was ist in deinen Augen der Vorteil von Social Media für dich als Künstlerin?

Es verstärkt meinen Eindruck davon, was über mich gesagt und geschrieben wird, nicht nur von den Experten in den Kulturredaktionen, sondern bei den Menschen, die in meine Konzerte kommen und meine Musik hören. Social Media kann einem da einen sehr direkten Eindruck geben, der ähnlich direkt ist, wie das persönliche Gespräch. Mir ist es sehr wichtig, mich mit Musikern, Fachleuten, aber auch mit meinem Publikum auszutauschen und zu erfahren, wie sie Händels Musik erleben und verstehen. Da erreiche ich über Social Media viele Menschen.

Auf deiner Website kann man nachlesen, dass deine Schwester Ilonka als Creative Business Developer für dich arbeitet und dass sie verantwortlich für die Strategie ist. Das sind Begriffe, die man in der Welt der klassischen Musik selten antrifft. Siehst du dich selbst als Unternehmerin und hast du einen Businessplan für deine Aktivitäten?

Ja, tatsächlich haben wir so etwas wie einen Businessplan gemacht, wo wir überlegt haben, wie wir über Crowdfunding, Stiftungen und Förderstellen Geld für die Filme und die CD-Einspielung bekommen, die ich gemacht habe. Denn das kann nicht aus Konzerteinnahmen generiert werden. Mir ist wichtig, so ein Projekt professionell anzugehen. Zwar hat das Web 2.0 viel Selbermachkultur, aber es macht am Schluss einen Unterschied, ob das jemand filmt und schneidet, der etwas davon versteht. Ich selbst hätte das so nicht machen können und ich denke, auch der Erfolg wäre nicht so groß gewesen, wenn die Filme nicht so gut gemacht wären von Erwan van Buuren, Peter Strijbos und Marc van der Heijde.

Hast du dir bestimmte Ziele gesetzt, was die Verbreitung der Filme angeht und eine bestimmte Strategie wie du sie verbreitest?

Natürlich war es mein Ziel, mein Händel-Projekt auf diesem Wege bekannt zu machen und es ist toll, dass es auf solche Resonanz gestoßen ist. Aber ich habe mir da keine konkreten Ziele gesetzt. Der Erfolg hat mich am Schluss sehr überrascht.

Das Gespräch wurde im August 2012 per Skype geführt.

*

Seit Daria van den Bercken 2006 den Debuut Publieksprijs gewann, ist sie in allen bedeutenden Konzertsälen und Festivals Hollands aufgetreten. Darüber hinaus erhielt sie Einladungen in zahlreiche andere europäische Länder, die USA, Canada, Brasilien, Australien, Japan u.a. 2007 gab sie ihr Debüt beim Rotterdam Philharmonic Orchestra mit Clara Schumanns Klavierkonzert. 2012 erschien ihre Debüt-CD «Handel At The Piano» (Sony Classical). Im gleichen Jahr erhielt sie den Amsterdam Preis, den bedeutendsten Kunstpreis ihrer Heimatstadt. Neben ihrer Tätigkeit als Solistin ist sie auch aktive Kammermusikerin und arbeitet in Musikprojekten mit Kindern. Van den Bercken entwickelte zudem das Programm Talk&Play, das sie an Universitäten und in Unternehmen präsentiert. Auch ihr neues Projekt «Keys to Mozart» folgt der Idee, klassische Musik jenseits der bekannten Pfade einem breiten Publikum näher zu bringen.

dariavandenbercken.com

Musikvermittlung
Die beste Vermittlung ist die, die keine ist

Angesichts der Schwierigkeit von Kultureinrichtungen, ein breites Publikum zu erreichen, gewinnt die Kulturvermittlung zunehmend an Bedeutung in Praxis und Wissenschaft. Der Begriff «Kulturvermittlung» deutet bereits auf das Problem hin, das sie überhaupt erst nötig macht: Vermittelt werden muss zwischen Parteien, die sich von sich aus nicht finden. Wer einen Partner fürs Leben sucht oder sich von dem, den er dafür gehalten hat, wieder trennen möchte, wer eine Stelle in einem schwierigen Arbeitsmarkt sucht oder mit anderen im Streit ist, kann von der Hilfe eines Vermittlers profitieren. Wenn zunehmend Vermittlung zwischen Kunst und Publikum nötig wird, dann deutet das auf eine Entfremdung zwischen (klassischer) Kunst und Publikum hin.

Kein Wunder, klassische Kultureinrichtungen beanspruchen die Deutungshoheit über Relevanz und Wert des kulturellen Erbes, das sie verwalten. Diese Deutungshoheit begünstigt sowohl die soziale Ausgrenzung eines potenziellen Publikums als auch die Ausgrenzung innovativer Ansätze, insbesondere solcher, die sich jenseits der bestehenden ästhetischen Paradigmen und Qualitätsvorstellungen der klassischen Kultur entwickeln. Je mehr das passiert, umso grösser der Bedarf nach Vermittlungsangeboten.

Die Kulturwissenschaftlerin Carmen Mörsch unterscheidet zwischen vier Funktionen der Kulturvermittlung:
- die affirmative, die das bestehende Kulturangebot reibungslos an ein interessiertes Publikum vermittelt,
- die reproduktive, die vor allem darauf zielt, neues, junges Publikum zu gewinnen,
- die kritisch-dekonstruktive, die das Selbstverständnis der Kultureinrichtungen und deren Produktionsweisen hinterfragt und schließlich
- die transformative Funktion, die versucht, die Kunst selbst in der Auseinandersetzung mit dem Publikum weiter zu entwickeln (vgl. Mörsch 2010, S. 3f.).

Im eigentlichen Wortsinne kann nur die transformative Funktion für sich beanspruchen, tatsächlich Vermittlung zu sein, denn die setzt dem Wortsinne nach voraus, dass beide Seiten bereit sind, sich aufeinander zu zu bewegen, sich in der Mitte zu treffen. Das gilt im persönlichen Streit ebenso wie für die Anschlussfähigkeit klassischer Kultur an die Erlebniswelt eines breiten, nicht-elitären Publikums.

Das Projekt *Superar* geht noch einen Schritt darüber hinaus und zeigt, dass die beste Vermittlung solche ist, der es gar nicht um die Vermittlung geht – zumindest nicht in erster Linie. Superar orientiert sich stark an dem *El Sistema*-Programm aus Venezuela, dessen vorrangiges Ziel die soziale Integration ist und das Musik als Mittel zu diesem nutzt. Die Teilnehmer von El Sistema wie von Superar haben tägliche Unterrichtseinheiten, in denen sie miteinander singen, musizieren oder tanzen. In Österreich existiert Superar seit 2010. Der Geiger und Kulturunternehmer Etienne Abelin hat Superar in die Schweiz geholt, wo es seit Sommer 2012 läuft. Im Herbst 2012 konnte bereits ein erstes großes Konzert in der Tonhalle Zürich veranstaltet werden.

Für Abelin fußt die Arbeit von Superar auf drei Prinzipien, die sich bei El Sistema als erfolgsentscheidend erwiesen haben.

«Passion first». Superar hat nicht das Ziel, eine Kaderschmiede für die zukünftige musikalische Elite zu sein. Im Mittelpunkt steht die Leidenschaft, die Freude an der Musik. «Es gibt ein wichtiges Prinzip, das ist ‹passion first, refinement second›», so Abelin. Das Musikmachen soll zu einem selbstverständlichen Teil des Lebens werden. Eins der ersten Ergebnisse von Superar ist, dass dieses Ziel bereits ein gutes halbes Jahr nach dem Start des Projekts erreicht wurde: «Das Schulhaus beginnt zu klingen. Es wird vielmehr gesungen, die Kinder singen zwischendrin. (...) Man hört das auch von Eltern: die Kinder kommen nach Hause und singen. Man merkt, dass es ein Teil von dem wird, mit dem sich die Kinder beschäftigen.»

Hochfrequenter Unterricht. Dieser Effekt kann sich nur einstellen, wenn der Musik dieser Platz im Alltag auch eingeräumt wird, d.h. täglicher Unterricht stattfindet. «Man arbeitet oft und viel zusammen: jeden Tag mehrere Stunden. Deshalb werden

Fortschritte dann auch sehr real, sehr greifbar.» Zwar lässt sich in der Schweiz die Frequenz nicht in gleicher Weise ausbauen wie in Venezuela, wo die Kinder täglich etliche Stunden musizieren, aber auch 1-2 Stunden Musikunterricht pro Tag sind weit mehr, als Kinder normalerweise in Mitteleuropa erhalten.

Soziales Lernen. Ziel des Projekts ist es auch, dass die Kinder nicht nur von Lehrpersonen Wissen und Können vermittelt bekommen, sondern es sich gegenseitig weitergeben und vermitteln. «Das dritte wesentliche Prinzip ist ein ‹Social Learning Environment›, so dass eine Lerngemeinschaft entsteht. Es steht das Ensemble im Zentrum, es steht im Zentrum, dass die Kinder miteinander, auch voneinander lernen und sich so weiterbringen.» Ältere Kinder agieren als Mentoren für jüngere und jeder wird nach seinen Fähigkeiten und Vorlieben im Ensemble eingesetzt. Auch hier bricht Superar mit dem Vorgehen der klassischen Vermittlung, die noch oft nach dem Muster des klassischen Frontalunterrichts funktioniert – gerade in der affirmativen und reproduktiven Funktion. Dieses Prinzip setzt die Erkenntnis voraus, dass man sich den Zugang zu Musik – je komplexer sie ist, umso mehr – über das Selbermachen aneignet. Interessanterweise fußen alle erfolgreichen Vermittlungsprojekte der letzten Jahre auf dieser Erkenntnis (*Rhythm Is It*, *Jedem Kind ein Instrument* etc.).

Superar kann bereits nach einem halben Jahr erste musikvermittlerische Erfolge vorweisen. Welche Effekte langfristig möglich sind, zeigt das Vorbild El Sistema, das mittlerweile etliche herausragende Musiker hervorgebracht hat. Gustavo Dudamel, der im Alter von 28 zum Chefdirigenten des Los Angeles Philharmonic wurde und Edison Ruiz, der mit 16 Jahren Kontrabassist bei den Berliner Philharmonikern wurde, gehören zu den berühmtesten Beispielen. Natürlich werden längst nicht alle El Sistema-Schüler Profi-Musiker. Aber es wundert nicht, wenn Dudamel meint, es gäbe nirgendwo auf der Welt so ein gebildetes Konzertpublikum wie in Venezuela (vgl. Kolbe 2009).

Ein wesentliches Problem der klassischen Musik scheint zu sein, dass sie sich weitgehend vom Alltag der Menschen abgekoppelt hat und es deswegen schwer hat, Anschluss an diesen zu finden. Wo Vermittlung diesen herstellen soll, ist sie gut beraten, weniger im vordergründigen Sinne der Einrichtung zu handeln (affirmative und reproduktive Vermittlungsfunktion), als vielmehr die Menschen in den Mittelpunkt zu stellen, denen die Musik etwas bedeuten soll. Das setzt im Sinne der transformativen Vermittlungsfunktion die Bereitschaft voraus, auch die eigene Rolle und Funktion zu hinterfragen und neu zu denken. So muss man sich zum Beispiel von dem Grundsatz «l'art pour l'art» verabschieden, denn bei Vermittlungsprojekten wie Superar wird die Kunst nicht um ihrer selbst Willen gemacht, sondern ist auch Mittel zu einem (sozialen) Zweck. Aber nur so kann sie Relevanz über ihre durch öffentliche Finanzierung geschützte Nische hinaus entwickeln. Wie gesagt: Echte Vermittlung ist nur möglich, wo beide Seiten bereit sind, sich aufeinander zu bewegen und nicht alle Zugeständnisse von einer Seite erwartet werden. Das gilt für Streithälse ebenso wie für die Kulturvermittlung.

Interview mit Etienne Abelin
«Passion first»

Thema des heutigen Gesprächs ist Musikvermittlung im Allgemeinen und das Projekt Superar im Besonderen, das du in der Schweiz betreust und ins Leben gerufen hast. Superar orientiert sich an dem venezolanischen Projekt El Sistema, das weltweit sehr für Aufsehen gesorgt hat, weil es Kindern aus den Barrios Musikunterricht ermöglicht; und zwar nicht nur einige wenige Stunden pro Woche, sondern jeden Tag über etliche Stunden hinweg. El Sistema bildet ein ganzes System, aus dem mittlerweile auch einige sehr berühmte Musiker hervorgegangen sind. Der berühmteste ist sicher der Dirigent Gustavo Dudamel. Wie lässt sich denn so ein Programm, das für die venezolanischen Problemviertel konzipiert ist, in die Schweiz übertragen, wo ja doch ganz andere soziale Verhältnisse herrschen?

Das ist eine Frage, die breit diskutiert wird. El Sistema expandiert gerade stark und wird international an vielen Orten übernommen und da geht es natürlich immer auch um diese Frage. Es ist so, dass bei Sistema in Venezuela ein großer Anteil der Kinder aus sozial benachteiligten Gegenden kommen, aber nicht nur. Es ist daher durchaus eine Initiative, die auch vertikal durch soziale Schichten integrieren soll. Und um auf deine Frage direkt einzugehen: Es gibt natürlich auch soziale Benachteiligung in der Schweiz und die verdient es, genauso angegangen zu werden, wie anderswo. Deshalb ist dieser Ansatz auch hier interessant.

Was sind denn die primären Ziele dieses Projekts? Geht es in erster Linie darum, soziale Benachteiligung zu bekämpfen und Musik als Mittel zum Zweck zu nutzen? Oder geht es vor allem um die Frage der Musikvermittlung, also darum, jungen Menschen den Spaß an der Musik und den Wert der Musik nahezubringen?

Beides. Die Antwort liegt darin, dass man in beide Richtungen arbeitet, die sich, wenn es gelingt, ideal ergänzen.

Was ist in deinen Augen das Erfolgsgeheimnis, einerseits von El Sistema, aber auch von Superar hier in der Schweiz?

Ganz wichtig für El Sistema sind die Energie, die Leidenschaft und der Drive, die darin stecken. Es gibt ein wichtiges Prinzip, das lautet «Passion first, refinement second». Das ist sehr zentral und das hat viele Implikationen für die Art Unterricht, die man dort vorfindet. Das zweite ist sicher die Hochfrequenz: Man arbeitet oft und viel zusammen. In Venezuela und anderen lateinamerikanischen Ländern und in der Türkei sind es jeden Tag mehrere Stunden. Deswegen werden Fortschritte auch schnell greifbar. Das ist ähnlich, wie wenn man eine Sprache lernt. 40 Minuten, einmal die Woche, führt halt zu anderen Resultaten als 3-4 Stunden pro Tag. Und das dritte Prinzip ist ein «Social Learning Environment», also dass eine Lerngemeinschaft entsteht. Es steht das Ensemble im Zentrum, so dass die Kinder auch miteinander und voneinander lernen können und sich so gegenseitig weiterbringen.

Ich nehme an, das sind die Aspekte, die auch für das Schweizer Projekt besonders wichtig sind. Kannst du da vielleicht schildern wie ihr das konkret umsetzt?

Diese Prinzipien sind außerordentlich wichtig und sie sind völlig unabhängig davon, ob das nun in Venezuela oder in England, in den USA oder in der Schweiz stattfindet. Was wir merken, ist dass wir die Frequenz in der Schweiz nicht so hoch schrauben können, wie das anderswo der Fall sein kann. Uns ist wichtig, dass wir in der Schule mindestens vier Lektionen haben und außerhalb der Schule vier bis fünf Lektionen pro Woche, in denen gemeinsam musiziert wird. Diese Anpassungen haben damit zu tun, dass das Schulsystem ganz anders ist und wir darauf natürlich Rücksicht nehmen müssen und auch wollen. Das andere ist, dass wir hier eine individualistisch ausgerichtete Kultur haben. Auch darauf gilt es Rücksicht zu nehmen und zu schauen, wie man mit dem Bedürfnis umgeht, auch individuell wahrgenommen und gefördert zu werden.

Hier merkt ihr also, dass da ein spezieller Bedarf ist und dass ihr es anders angehen müsst, als man es in Venezuela tun würde?

Das ist momentan die Hypothese. Vielleicht stellt sich nach zwei oder drei Jahren heraus, dass es doch ganz ähnlich funktioniert wie in Venezuela und das Gruppenlernen und dass ältere

Kinder als Mentoren von Jüngeren fungieren, ganz ähnlich funktioniert. Aber wir haben im Hinterkopf, dass es hier in der Schweiz mehr individuelle Ansprache geben muss.

An wieviel Schulen seid ihr jetzt aktiv?

Wir haben im Sommer 2012 begonnen, sind also noch ganz jung. Aktuell sind wir an drei Schulen aktiv. Im Aargau und in Winterthur sind wir in der Schule integriert und unterrichten in den ersten drei Primarschulklassen (Grundschulklassen). Die Kinder singen und bewegen sich vier Lektionen in der Woche. Außerdem sind wir in der Schule Heumatt, in der Stadt Zürich. Dort gibt es ein Orchester; die Kinder sind etwas älter, nämlich zwischen 10 und 12 Jahren. Hier beginnen wir mit fünf Stunden Unterricht pro Woche mit Unterstützung von Fachkräften von El Sistema Guatemala. Wir sind sehr gespannt, wie sich das entwickelt.

Solch eine Arbeit setzt voraus, dass sie fachlich sehr fundiert ist und von qualifizierten Leuten geleistet wird, die dann aber auch wieder Geld kosten. Wie wird das Projekt denn finanziert?

Ja, es ist sehr wichtig, dass hier ausgebildete Künstler aktiv sind, die große Ausstrahlung und Erfahrung, auch Bühnenerfahrung, in die Schulen reinbringen. Wir haben das Glück, dass uns in der Pilotphase einige der großen Schweizer Stiftungen im Kultur- und Sozialbereich unterstützen. So können wir Erfahrungen sammeln, wie das geht, ob das geht und ob das in der Form geht, wie wir uns das vorgestellt haben. Das sind Anschubfinanzierungen, die momentan sehr wichtig sind und die das Ziel haben, die bewährten Ansätze und Projekte dann in einigen Jahren in eine andere Trägerschaft zu überführen.

Wie ist denn dein erstes Fazit, ein dreiviertel Jahr nach dem Start des Projekts?

Sehr positiv. Mit den Kindern der Aargauer Schule haben wir schon nach wenigen Monaten ein erstes Konzert in der Tonhalle Zürich durchführen können. Das war ein Weihnachtssingen und hat wunderbar geklappt. Es ist ein wichtiges Prinzip unserer Arbeit, dass man gemeinsam auf ein Ziel hinarbeitet und erfährt, dass man in so einer Konzertsituation über sich hinauswachsen kann, was sich eindrücklich bestätigt hat. Es gibt außerdem eine erste Evaluation, die auch sehr positiv ausgefallen ist. Hier hat die Schulleitung, besonders an der Schule im Aargau, das Feedback gegeben, dass sich bei den Kindern in den Bereichen Selbstvertrauen und Sozialkompetenz einiges entwickelt und verändert. Das werden wir weiter beobachten und schauen, wie sich das entwickelt.

Und noch einmal zum Stichwort Musikvermittlung: Gibt es auch schon Erkenntnisse darüber, inwieweit sich das Verhältnis der Kinder zur Musik allgemein ändert?

Ja, man merkt das, wenn man selbst an die Schule geht und auch die Schulleitung und die Lehrer bestätigen, dass viel mehr gesungen wird. Das Schulhaus beginnt zu klingen. Das ist eine große Veränderung. Und auch die Eltern berichten, dass die Kinder zu Hause viel mehr singen. Das ist ein sehr greifbares Resultat aus dieser ersten Arbeit. Man merkt, wie die Musik in den Körper eingeht und wie sie zu einem Teil dessen wird, mit dem sich die Kinder beschäftigen und was für sie Bedeutung hat.

Ich denke, dass ist eine gute Grundlegung dafür, sich später für alle möglichen Arten von Musik zu interessieren. Unabhängig davon, ob es speziell die klassische Musik ist, die ja ein besonderes Problem damit hat, neues Publikum zu finden. Es ist einfach ein gutes Grundverständnis für den besonderen Wert der Musik da.

Ja, das denke ich auch. Der Zugang zur klassischen Musik ist natürlich dadurch im Zentrum, dass das Repertoire unseres Projekts dort einen Schwerpunkt hat, wenngleich nicht den einzigen. Der Einbezug von Musik aus ganz anderen Genres und aus Kulturen, aus denen die Kinder der Klassen herkommen, gehört auch dazu. Sich auseinander zu setzen mit Liedern in Sprachen, die man selbst nicht spricht, die aber Kollegen aus der Klasse sprechen – das ist auch ein wichtiger Aspekt unserer Arbeit.

Das Gespräch wurde im März 2013 per Google Hangout geführt. Es steht auch als Video zur Verfügung: http://youtu.be/DIJFZILgboM

*

Etienne Abelin ist ein Schweizer Musiker und Kreativunternehmer. Er ist Mitgründer und Co-Künstlerischer Leiter der Ynight Clubnächte («Best of 2013» Züritipp), dem Apples & Olives Indie Classical Festival Zürich und dem Sistema Europe Youth Orchestra. 2011 gründete er die Schweizerische El Sistema-inspirierte Initiative Superar Suisse. Als Musikkurator war Abelin 2008-2011 beim Festspielhaus St. Pölten aktiv, 2009/10 auch als Artist-in-Residence. Etienne Abelin musizierte in den von Claudio Abbado gegründeten Klangkörpern Orchestra Mozart Bologna und Lucerne Festival Orchestra. Er ist Mitglied des Kernteams von Musikvermittlung Schweiz sowie Jurymitglied der classical:Next Konferenz 2015 und beim «Junge Ohren»-Preis 2014.

etienneabelin.com
superar.eu

Interview mit Louis Dupras, Camerata Bern
«Wer nicht motiviert ist, hat keinen Platz hier»

Die Camerata Bern ist ein freies Kammerorchester, bestehend aus 14 festen Mitgliedern. In welcher Rechtsform ist es organisiert?
Die Camerata Bern ist 1962 als Verein gegründet worden. Als ich 2007 die Geschäftsführung übernahm, war das auch noch die Rechtsform. Es gab allerdings schon länger Überlegungen, den Verein in eine Stiftung zu überführen. Ich habe dann darauf hingewirkt, dass wir das schnell umsetzen. Am 1. Juli 2008 wurde die Stiftung gegründet, der Verein fungierte dabei als Stifter und gab das nötige Kapital ein.
Wer war Mitglied in dem Verein?
Die Musiker und Musikerinnen der Camerata sowie natürliche und juristische Personen, hauptsächlich aus Bern und der Umgebung. Der Verein wurde de facto auch in die Stiftung importiert, indem die Mitglieder des ehemaligen Vereins heute Mitglieder der Stiftungsversammlung sind.
Was waren die Gründe, eine Stiftung zu gründen und nicht z.B. eine GmbH oder AG?
Wir haben damals die Rechtsformen untersucht, die in der Schweiz in Frage kommen. Das sind GmbH, Genossenschaft, Aktiengesellschaft (AG) und Verein. Die kommerziellen Formen, also GmbH und AG, waren allerdings unvorteilhaft, denn der Verein war seit langem steuerbefreit und es ging auch darum, die Steuerbefreiung beizubehalten. Das wäre in einer GmbH sehr viel schwieriger gewesen. Die Stiftung hat dem Verein gegenüber wiederum den Vorteil, dass sie eine viel solidere, stabilere Struktur bietet. In einem Verein kann es sehr schnell gehen – je nachdem, wie eine Generalversammlung verläuft – dass die Kontinuität der Arbeit nicht mehr gewährleistet ist. Die Camerata hat das einmal erlebt, als der Vereinsvorstand die Auflösung des Vereins beschließen wollte. Nur die Machtübernahme eines neuen Vorstands hat die Camerata vor dem Ende bewahrt. Viele Musiker, die heute im Orchester sind, haben das miterlebt und aus dieser Erfahrung den Schluss gezogen, dass eine stabilere Struktur gut wäre. Wir merken zwar einerseits, dass uns diese Rechtsform

gegenüber der Stiftungsaufsichtsbehörde stärker verpflichtet. Aber wir merken andererseits auch, dass wir mit vielen Stiftungen, die uns Geld für unsere Projekte geben, jetzt auf einer Augenhöhe kommunizieren können. Auch bei Sponsoren haben wir an Glaubwürdigkeit und Seriosität gewonnen, ebenso bei den subventionierenden Behörden, also dem Stadtrat, dem Kantonsrat und der Burgergemeinde. Deswegen ist die Stiftung die beste Rechtsform für uns.

Gibt es über die Stiftungsurkunde hinaus noch so etwas wie ein Leitbild? Ein Dokument, das die Ziele und Grundsätze der Zusammenarbeit beschreibt?

Die Regelungen des Stiftungsreglements beziehen sich auf die Strukturen und Formalitäten und sind vor allem durch rechtliche Anforderungen definiert. Darüber hinaus gibt es ein Leitbild, in dem das Selbstverständnis der Camerata als flexibles Ensemble beschrieben ist, das von seinem Konzertmeister geleitet wird. Damit ist klar, dass es eine flache Hierarchie gibt. Das Top-Down-Gebilde eines Sinfonieorchesters, wo vorne ein Dirigent steht und die Musiker ausführen, was er möchte, gibt es hier nicht. Man arbeitet auf ähnlicher Augenhöhe zusammen und der Konzertmeister leitet das Ganze als primus inter pares. In den Proben kann jeder etwas einbringen. Allerdings sollte man das auch nicht zu sehr idealisieren, eine gewisse Hierarchie gibt es schon. Wir haben sehr knappe, weil teure Probenzeit. Wenn da alles basisdemokratisch diskutiert und entschieden werden müsste, könnten wir die Zeit nicht effizient nutzen.

Wieviele Proben werden denn für ein Konzert angesetzt?

In der Regel sechs Proben und eine Generalprobe. Je nach Schwierigkeit der Werke können das auch mal sieben oder acht Proben sein, sehr selten noch mehr. Werke, die fest im Repertoire sind – ein Mozart-Hornkonzert zum Beispiel – brauchen nur eine halbe Probe. Das entspricht dem, wie auch Sinfonieorchester proben, aber da ist ja wie gesagt ein Dirigent, der alles organisiert und bestimmt. Und da sind auch die Bogenstriche bereits in die Noten eingetragen worden und so weiter. Das ist bei uns nicht der Fall. Die Musiker müssen sich selber organisieren. Wer bei uns seinen Einsatz verpasst, ist selber Schuld.

Im Unterschied zu Sinfonieorchestern spielt die Camerata auch im Stehen. Was ist der Grund dafür?
Im Stehen ist ein viel dynamischeres Musizieren möglich. Die Musiker können durch intensive Körpersprache und Augenkontakt besser miteinander kommunizieren, weil sie sich einander situationsabhängig zuwenden können. Dabei geht es nicht darum, Einsätze zu geben, sondern darum, die absolute Präzision zu schaffen. Die Reaktionszeiten sind so viel kürzer, als wenn das über einen Dirigenten koordiniert wird und man erreicht eine viel höhere Präzision. Die Musiker proben zwar sitzend, aber die Generalproben und die Konzerte spielen sie stehend. Die CD-Aufnahmen übrigens auch.

Antje Weithaas ist derzeit die künstlerische Leiterin. Das heißt, sie hat die künstlerische Verantwortung für die Programme und leitet die Proben. Wählt sie auch die Stücke aus?
Das ist komplizierter. Für unsere Abonnementskonzerte machen wir die Programme zu dritt: Antje, ein Kollege aus dem Ensemble und ich. Wir bilden also eine kleine Kommission, zu der wir auch einen musikwissenschaftlichen Berater hinzuziehen, der Mitglied im Stiftungsrat ist. In diesem Kreis entstehen die Programme. Aber natürlich gehen wir auch auf die Wünsche von Gästen ein. Oder es gibt mal Stücke, die wir für eine Tournee einstudiert haben und die wir dann in der nächsten Saison auch in Bern aufs Programm nehmen. Insgesamt ist das also ein sehr dynamischer Prozess, der im Austausch mit verschiedenen Stakeholdern entsteht. Das letzte Wort über das Programm habe ich. Denn ich muss geradestehen für alles, was hier passiert, deswegen liegt die letzte Entscheidung im Zweifel bei mir und ich muss schauen, welches Interesse überwiegt.

Das heißt aber auch, die Solisten werden nicht für bestimmte Konzerte mit definiertem Programm eingekauft, sondern es wird geguckt, mit welchen Künstlern man arbeiten möchte und mit denen wird dann das Programm entwickelt?
Richtig, ja. Wir versuchen immer, Solisten einzuladen, die wir bereits kennen, d.h. in aller Regel besteht eine Beziehung. Es ist selten jemand, den wir nie gesehen haben.

Und die Entscheidung darüber, welche Solisten eingeladen werden, kommt auch in der Kommission zustande?
Das ist sehr unterschiedlich, wie diese Entscheidungen zustande kommen. Manchmal fragt uns ein Festivalleiter oder ein Veranstalter: Habt ihr Lust ein Konzert mit diesem oder jenem Solisten zu machen? Und dann versuchen wir es und wenn es gut klappt, dann setzen wir die Zusammenarbeit fort. Oder jemand aus dem Ensemble schlägt jemanden vor. Es gibt keinen festgelegten Ablauf, wie die Solisten ausgewählt werden.
Wie wird die künstlerische Leitung gewählt und bestimmt? Kommt das auch über Kontakte zustande oder wählen Sie Künstler aus, mit denen Sie arbeiten wollen und kontaktieren die dann? Und wer entscheidet das?
Die Ensembleversammlung – also die Musiker des Orchesters – schlägt vor, wen die Stiftung anstellt. Allerdings hat die Camerata bisher nicht so viele verschiedene Leiter gehabt, dass sich da ein ganz fest strukturierter Ablauf etabliert hätte. Der erste Leiter, der die Camerata gegründet hat, war 20 Jahre im Amt. Sein Nachfolger war bereits Mitglied der Camerata und hatte die Leitung ebenfalls fast 20 Jahre inne. Dann gab es eine Zeit mit einem Leitungs-Triumvirat. In dieser Zeit war Erich Höbarth als Gastleiter eingeladen worden und das Ensemble wollte gern weiter mit ihm arbeiten. Er war dann fast 10 Jahre Konzertmeister, bis ihm Antje Weithaas folgte, die ebenfalls zuerst als Gastleiterin mit der Camerata gearbeitet hat. Die Camerata spielt ungefähr die Hälfte ihrer Konzerte mit der ständigen künstlerischen Leitung; die anderen Konzerte werden von Gästen geleitet. Als der Vorschlag auf Antje fiel, wurde eine Umfrage im Ensemble gemacht und da es ein einstimmiges Ergebnis gab, hat die Stiftung Antje Weithaas dann eingestellt.
Wie sieht denn das Anstellungsverhältnis der Musiker aus? Sind die auf Honorarbasis engagiert?
Richtig. Die Musiker werden ins Ensemble gewählt. Sie erhalten keinen fixen Monatslohn, sondern immer einen Projektlohn. Es gibt da einen fixen Satz pro Probe und pro Konzert gemäß den Sätzen des Schweizer Musikerverbandes. Von diesem Lohn werden die Sozialabgaben und die Beiträge für die Pensi-

onskasse[5] abgezogen, da sind wir ein ganz normaler Betrieb und werden auch so kontrolliert. Meistens haben wir auch externe Musiker dabei, die keine Ensemblemitglieder sind, aber regelmäßig von uns engagiert werden, zum Beispiel die Bläser oder weitere Streicher, wenn wir Verstärkung brauchen. Außerdem gibt es drei fest angestellte Mitarbeiter im Management: Die Geschäftsführung mit einem 100 %-Pensum und zwei Mitarbeiterinnen mit je einem 50 %-Pensum. Unsere Buchhaltung lassen wir extern machen. Die Administrationskosten betragen so 15 % von unserem Gesamtetat.

In Ihrem Jahresbericht schreiben Sie von einem strengen Prozess der Selbstkritik und Qualitätskontrolle. Können Sie erläutern, wie der genau aussieht?

Das ist nicht genau festgelegt. Es gibt keine Nachbesprechung nach einem Konzert. Manchmal geschieht das einfach, weil man noch zusammen etwas trinken geht, aber das ist nicht institutionalisiert. Wenn aber das gleiche Programm mehrfach gespielt wird, gibt es für die weiteren Konzerte eine Anspielprobe, zum Beispiel, wenn wir in einem anderen Saal spielen. Bei dieser Gelegenheit kann man auch die Stellen noch einmal proben, mit denen man im Konzert noch nicht ganz zufrieden war. Die künstlerische Leitung oder ein Stimmführer kann dann den Wunsch äußern, eine Stelle noch einmal genauer zu proben etc. Das ist die Qualitätskontrolle. Bei einem Programm, das nur ein oder zweimal gespielt wird, wird das weniger der Fall sein. Aber auch wenn man ein neues Programm einstudiert, kann man schauen, dass gewisse Schwachpunkte aus früheren Programmen besser erarbeitet werden. Die Qualitätskontrolle erfolgt auch sehr stark bei der Auswahl der Ensemblemitglieder. Das ist auch Gegenstand einer großen internen Diskussion, wer bei der Wahl der Ensemblemitglieder wie viel zu sagen hat.

Wie sieht denn so ein Auswahlprozess aus?

Bei unserem letzten Auswahlprozess wurden nach einem Probespiel vier Probandinnen für ein Jahr eingeladen, verschiede-

---

[5] Mit «Pensionskasse» ist die betriebliche Altersvorsorge in der Schweiz gemeint.

ne Programme mitzuspielen. Für ein weiteres Jahr wurde dann eine von denen für ein weiteres Jahr gewählt. Am Schluss der Saison hat man dann beschlossen, dass es leider doch nicht passt und sie doch nicht ins Ensemble aufgenommen. Das hat uns zweifeln lassen, ob ein Verfahren mit Probespiel ein geeigneter Weg ist, um gute Leute zu finden. Denn Topleute haben in der Regel keine Muße, Stelleninserate zu lesen und zu schauen, wo es Stellen gibt, die sie interessieren. Gute Leute haben ohnehin so viel zu tun, dass sie nicht darauf angewiesen sind, danach zu schauen. Aber das sind genau die Leute, die wir möchten und brauchen. Wir arbeiten jetzt daran, neue Ensemblemitglieder über den Berufungsweg zu holen. Das heißt, wir verzichten auf Ausschreibungen und Probespiel und laden Kandidaten, die wir interessant finden, für ein paar Projekte ein. Wenn wir finden, sie sind interessant für uns und könnten gut zu uns passen, dann laden wir sie für ein Probejahr ein. Mittlerweile haben wir auch ein sehr großes Netzwerk, denn unsere Leute spielen nicht nur bei uns, sondern auch beim Chamber Orchestra of Europe, beim Mahler Chamber Orchestra, bei der Cappella Andrea Barca oder in Kammerensembles. Also sind unsere Musiker ständig in Wechselbeziehungen mit anderen Musikern, so dass es da ein riesiges Netzwerk gibt.

Topleute heißt auch topmotivierte Leute. Unternehmen Sie etwas, um die Motivation der Musiker zu fördern? Zum Beispiel durch bestimmte Anlässe?

Wir machen keine Motivationsanlässe oder ein Kickoff zum Saisonstart oder ähnliches wie man das von Wirtschaftsunternehmen kennt. Vielleicht wäre es interessant, so etwas auch zu machen, aber es gibt zwei Gründe, warum das schwierig ist: Einer ist, dass die Zeit sehr knapp und teuer ist, in der uns die Musiker zur Verfügung stehen. Eine Probe mit allen Musikern kostet 1.000 Franken pro Stunde[6]. Und da wir mit wirklich sehr knappen Ressourcen arbeiten müssen, versuchen wir, diese immer nur der Musik, der künstlerischen Arbeit, zugute kommen zu lassen. Der zweite Grund ist, dass die Ensemblemitglieder so einen An-

---

[6] Das entspricht etwa 800 Euro.

satz wahrscheinlich gar nicht verstehen würden. Wer nicht motiviert ist, hat keinen Platz hier und sollte sich anderswo umschauen. Die Leute müssen vorbereitet in die Proben kommen, sie müssen vorher zu Hause geübt haben. Sie müssen sich die Werke angehört haben. Wenn es hier eine Motivationsspritze bräuchte, dann machen wir etwas falsch. Wir versuchen uns die besten Mitarbeiter zu sichern erstens mit einem guten Lohn, zweitens mit einem guten Ruf und drittens mit guten Projekten. Das sind in meinen Augen die drei Säulen, warum die Leute gern mit uns arbeiten. Darüber hinaus laden wir auf Tourneen alle zum Essen ein und ich versuche, in der alltäglichen Kommunikation das Wir-Gefühl anzusprechen, anstatt bei punktuellen Anlässen. Auch der persönliche Kontakt zwischen den Musikern und mir ist wichtig, deswegen bin ich immer mindestens bei der ersten Probe eines Projekts dabei, um die Leute zu begrüßen und das Projekt vorzustellen, Fragen zu beantworten. Und ich bin natürlich immer bei allen Konzerten und Generalproben dabei.

Öffentlich finanzierte Kultureinrichtungen programmieren primär nach künstlerischen Gesichtspunkten und versuchen dann ein Publikum für das Programm zu gewinnen. Für die Camerata, die nur zu einem geringen Teil öffentlich finanziert wird, dürfte das schwieriger sein. Trotzdem nehmen Sie nicht nur marktgängige Gassenhauer ins Programm. Wie ist vor diesem Hintergrund Ihr Blick auf Ihr Publikum?

Ich verstehe die Camerata in diesem Punkt als ganz normalen Betrieb, der Kundschaft hat und der mit dieser Kundschaft Erfolg haben möchte. Unsere Kundschaft ist das Publikum. Viele davon kennen wir mittlerweile persönlich und viele geben uns auch sehr wichtige Feedbacks auf das, was wir machen. Da sind wir wie die Bäckerei an der Ecke. Die macht Brötchen, wir machen Musik. Wenn wir sie nicht verkaufen können, haben wir ein großes Problem, denn die 40 % Subventionen, die wir erhalten, reichen nicht aus, um den Betrieb aufrecht zu erhalten. Das ist der Unterschied zu den Theatern oder Sinfonieorchestern, die, wie Sie sagen, weniger für das Publikum programmieren müssen und dadurch viel mehr Planungsfreiheit haben. Genau genommen müsste man bei ihnen von der «freien Szene» sprechen.

Trotzdem haben wir natürlich auch klare Vorstellungen bezüglich gutem Geschmack: Wir wollen gute Musik machen und das fängt mit guten Musikern an. Und diese gute Musik kommt beim Publikum an. Bei unseren ersten Konzerten im Kultur-Casino Bern haben wir nur Haydn, Mozart und Beethoven gespielt. Das hat sich sehr gut verkauft. Dann haben wir gedacht, wir müssen auch zeitgenössische Musik aufführen, von deren Qualität wir wirklich überzeugt sind, das aber meistens kombiniert mit sehr beliebten Werken. Ich glaube, das Publikum weiß inzwischen, dass sie nur beste Werke von uns in bester Aufführung bekommen. Wir sehen unser Publikum also wirklich als unsere Kunden.

Im klassischen Konzertbereich besteht ja das Problem, dass das Publikum sehr alt ist und nicht in der gleichen Größenordnung ein junges Publikum nachwächst. Wie reagieren Sie darauf?
Diese demografische Entwicklung findet ja nicht nur im Konzertbereich statt. Die Leute leben länger und werden älter. Sie haben auch mehr Freizeit und gehen mehr in Konzerte. Wer eine Familie hat und voll berufstätig ist, hat wenig Zeit für Konzertbesuche. Aber wenn die Kinder aus dem Haus sind und auch die beruflichen Verpflichtungen zurückgehen, sieht das anders aus. Ich finde es teilweise absurd und anbiedernd, wie manche Organisationen versuchen, junge Leute in klassische Konzerte zu holen. Etwa durch die Kombination von klassischem Konzert und Disco: Das ist, als würde man Bircher-Müsli und Döner auf einem Teller servieren. Das Ziel-Publikum für klassische Musik ist einfach eher reif. Das war aber früher auch so. Wenn ich vor 30 Jahren in Sinfoniekonzerte gegangen bin, saßen lauter alte Menschen um mich herum. Ich fragte mich: Was passiert in 30 Jahren, wenn die gestorben sind? Heute sind es die Kinder dieser Leute, die mittlerweile auch alt sind, die in den Sinfoniekonzerten sitzen. Ich glaube, es ist nie so viel klassische Musik gehört worden wie heute. Im 18. und 19. Jahrhundert war die klassische Musik kaum zugänglich für die Normalsterblichen. Bezogen auf die Kaufkraft sind Konzertkarten heute viel günstiger als vor 50 Jahren. Jeder kann Konzerte besuchen oder CDs hören. Ich glaube, dieses Problem wird aufgebauscht. Unsere Zahlen sprechen

zumindest gegen diese Entwicklung: Die Verkaufszahlen unserer Abonnements haben sich innerhalb von zwei Jahren verdoppelt. Das ist ganz entgegen den allgemeinen Befürchtungen.

Heißt das, dass Musikvermittlung für Sie kein Thema ist, weil Sie keine strategische Notwendigkeit sehen, die nächste Publikumsgeneration aufzubauen?

Nein, das kann man so nicht sagen. Wir machen sehr viel im Bereich der Musikvermittlung. Pro Saison spielen wir etwa 20 bis 40 Konzerte in Schulen, in denen wir etwa 6.000 Kinder erreichen. Es steht allerdings nicht zuvorderst die Absicht dahinter, neues Publikum zu gewinnen. Wir sind hier Partner der Erziehungsdirektion des Kantons Bern im Bildungsbereich. Es ist wichtig, dass Kinder wissen, dass es klassische Musik gibt, weil sie Bestandteil unserer Kultur ist. Wenn wir den zündenden Funken dazu geben, dass die Schüler sich für klassische Musik begeistern und unsere Konzerte besuchen, freut uns das natürlich.

Sie sprachen davon, dass die öffentliche Unterstützung für die Camerata 40 % Ihres Etats deckt. Ich nehme an, die Zusammenarbeit mit Sponsoren hat vor dem Hintergrund eine große Bedeutung. Haben Sie ein Sponsoring-Konzept, das Leistung und Gegenleistung in bestimmte Pakete kategorisiert?

Ja, Sponsoren haben eine große Bedeutung, aber es gibt kein vorgefertigtes Konzept. Wir besprechen individuell mit unseren Sponsoren, was deren Wünsche sind. Es gibt wenig, was wir nicht machen würden, aber wir bieten es nicht als fertiges Paket an. Im Gegensatz zu Basel oder Zürich gibt es in Bern wenig große Sponsoren. Wir sind aber auch eine kleine Organisation, daher passen kleine und mittlere Unternehmen als Sponsoren gut zu uns. Unsere Sponsoren schätzen die Qualität im kleinen Rahmen und dass wir sehr individuell auf sie eingehen können.

Es macht den Eindruck, dass sich für die Camerata viele typische Probleme von Orchestern gar nicht stellen. Haben Sie eine Idee, was den Erfolg der Camerata ausmacht, abgesehen davon, dass Sie attraktive Programme auf höchstem künstlerischen Niveau bieten?

Es ist eine Hypothese von mir, aber ich könnte mir vorstellen, dass es mit der Art und Weise zu tun hat, wie wir mit klassischer Musik umgehen, wie wir sie spielen. Im 19. Jahrhundert waren die Industrien sehr hierarchisch und sehr arbeitsteilig aufgebaut. Das spiegelt sich in der Struktur eines Sinfonieorchesters, das etwa parallel zur Industrialisierung entstanden ist und mit ihr seine Blüte hatte. Heute sind viele Unternehmen kollegialer, teamorientierter aufgestellt. Das spiegelt sich in der Art und Weise wieder, wie die Camerata musiziert. Ich kann mir gut vorstellen, dass sich viele Leute heute eher mit einem Modell identifizieren können, wie wir es praktizieren, weil sie merken, da sind Leute auf der Bühne, die etwas zusammen machen, weil sie Freude daran haben. Jeder kann und muss etwas entscheiden, jeder gibt sein Bestes, keiner kann sich in der Masse verstecken und niemand ist nur ein austauschbares Rädchen im Getriebe. Die Identifikationsmöglichkeiten sind da viel aktueller. Das ist ein Aspekt, der leider nur selten diskutiert wird, aber ich denke, das spielt auf einer übergeordneten Ebene eine wichtige Rolle für den Erfolg der Camerata.

Das Gespräch wurde im Februar 2012 in Bern geführt.

Die Camerata Bern wurde 1962 von dem Geiger Alexander van Wijnkoop als Kammerorchester gegründet, das ohne Dirigent auftritt. Das Ensemble arbeitet regelmäßig mit renommierten Solisten zusammen, darunter beispielsweise Carolin Widmann, András Schiff, Christian Gerhaher und Gidon Kremer. Die Geigerin Antje Weithaas ist seit 2009 künstlerische Leiterin der Camerata Bern, die Geschäftsführung liegt seit 2007 bei Louis Dupras.

cameratabern.ch

Literatur

Bendixen, Peter (2011): Einführung in das Kunst- und Kulturmanagement, Wiesbaden: VS Verlag für Sozialwissenschaften.

Faltin, Günter (2008): Kopf schlägt Kapital. Die ganz andere Art, ein Unternehmen zu gründen, München: Hanser.

Hagmann, Peter (2014): Vom Wandel im Gleichen, in: NZZ online. Die Sinfonien Beethovens, 2. Mai 2014, http://www.nzz.ch/aktuell/startseite/vom-wandel-im-gleichen-1.18294299, Stand 9.11.2014

Haselbach, Dieter / Klein, Armin et al. (2012): Der Kulturinfarkt. Von allem zuviel und überall das Gleiche, München: Albrecht Knaus.

Heinrichs, Werner (2012): Kulturmanagement. Eine praxisorientierte Einführung, Darmstadt: Wissenschaftliche Buchgesellschaft.

Jenewein, Wolfgang / Heidbrink, Marcus (2011): High-Performance-Organisationen. Wie Unternehmen eine Hochleistungskultur aufbauen, Stuttgart: Schäffer-Poeschel.

Jüdt, Patrick (2014): Diskothek vom 24.2.2014, Radio SRF 2 Kultur (http://www.srf.ch/sendungen/diskothek, Stand 9.11.2014).

Klein, Armin (2007): Der exzellente Kulturbetrieb, Wiesbaden: VS Verlag für Sozialwissenschaften.

Kolbe, Corina (2009): Mit der Geige aus den Slums, Die Zeit, 16.4.2009 (http://www.zeit.de/online/2009/17/el-sistema/komplettansicht, Stand 9.11.2014)

Konrad, Elmar D. (2006): Vorwort des Herausgebers - Unternehmertum als Fokus einer neuen Kulturmanagementtheorie, in: Ders. (Hrsg.) (2006): Unternehmertum und Führungsverhalten im Kulturbereich, Münster: Waxmann, S. 13-20.

Lewinski-Reuter, Verena (2013): Leistungsthematisches Motivierungspotenzial von Handlungszielen am Beispiel von Zielgesprächen zwischen Führungskraft und Mitarbeiter, in: Hausmann, Andrea / Murzik, Laura (Hrsg.) (2013): Erfolgsfaktor Mitarbeiter. Wirksames Personalmanagement für Kulturbetriebe, Wiesbaden: Springer VS, S. 125-142.

Mandel, Birgit (2007): Die neuen Kulturunternehmer. Ihre Motive, Visionen und Erfolgsstrategien, Bielefeld: transcript.

Mörsch, Carmen (2010): Watch this space. Positionen beziehen in der Kulturvermittlung. Basistext für die Fachtagung «Theater – Vermittlung – Schule».
(http://www.zhdk.ch/fileadmin/data_subsites/data_ipf/bilder/ver anstaltungen/2010/watch_this_space_morsch.pdf, Stand 9.11.2014)

Tröndle, Martin (Hrsg.) (2009): Das Konzert. Neue Aufführungskonzepte für eine klassische Form, Bielefeld: transcript.

Über den Autor

Christian Holst ist Referent für Marketing und Social Media am Opernhaus Zürich und Dozent für Social Media und Content Marketing an der Zürcher Hochschule der Künste (ZHdK). Frühere berufliche Stationen machte er am Oldenburgischen Staatstheater sowie bei der Schweizer Jugendkarte AG. Holst ist Mitgründer der stARTconference und betreibt das kulturblog.net.